LES DOSSIERS DU DROIT DE LA PHOTO - VOLUME 3 -

LES JUGES FACE AUX BARÈMES PROFESSIONNELS

PAR ME JOËLLE VERBRUGGE

Éditeur responsable
Joëlle Verbrugge
17 Allée Artzamendy
64600 Anglet

Textes et schémas didactiques : Joëlle VERBRUGGE
Pictogrammes dans le texte : Philippe BAUDUIN/ PICTOMATIC
Maquette et caricature de couverture : Matthieu BIASOTTO
Visuel de couverture : Good and Bad Jugde Man - © Sukmaraga / Envato
Portrait 4ème de couverture : Alix Le BROZEC

ISBN 979-10-359-9621-5

AUX ÉDITIONS 29BIS – Me contacter : j'ai encore du stock de certains ouvrages

. « Checklist Photographe de mariage »
. « Checklist Mon éditeur et moi ! »
. « Checklist J'édite mon livre tout seul ! »
. « Checklist Entreprises : communiquez par l'image en toute légalité »
. « Checklist On m'a volé une photo ! »
. « Checklist Photographie d'enfants : droits et devoirs »
. « Checklist Le RGPD pour les Photographes et Vidéastes » avec Me Martin LACOUR
. « Checklist Photos et films d'entreprise » (épuisé)
. « Checklist Prises de vues aériennes » avec Carine SCHWEITZER

. « Le Photographe et son modèle »
. « Creative Commons »
. « L'Originalité en photo et vidéo »

. « Jurimage L'intégrale 2015 »
. « Jurimage L'intégrale 2016 »
. « Jurimage L'intégrale 2017 » (épuisé)
. « Jurimage L'intégrale 2018 » (épuisé)
. « Jurimage L'intégrale 2019 » (épuisé)

AUX ÉDITIONS KNOWWARE (Compétence photo)
. Blog « Droit & Photographie » (http://www.droit-et-photographie.com).
. « Vendre ses photos », Ed. KnowWare
. « Droit à l'image et droit de faire des images », Ed. KnowWare (3ème édition à venir en 2023)
. Articles dans le magazine bimestriel « Compétence Photo », Ed. KnowWare depuis janvier 2010.

TABLE DES MATIÈRES

QUELQUES MOTS SUR LA COLLECTION « LES DOSSIERS DU DROIT DE LA PHOTO »

Dans cette collection de dossiers, je regroupe une série d'articles anciens et récents autour de certaines thématiques.

Il peut s'agir d'analyses détaillées de jurisprudence sur des sujets divers, ou de dossiers consacrés à un sujet précis qui ne justifierait pas un ouvrage complet. Ceux qui connaissaient mes anciens articles publiés sous l'appellation « Jurimage » ne seront pas dépaysés par la forme adoptée pour la présentation. Certains articles des premiers volumes à paraître ont en outre déjà été publiés par le passé, mais chaque volume contiendra des analyses inédites s'ajoutant aux affaires déjà examinées. Dans tous les cas, il s'agira d'une photographie d'une problématique à un instant T, et la matière sera susceptible d'évoluer avec le temps. Lorsque les évolutions seront importantes, je me réserve de rééditer les volumes ultérieurement et/ou d'intégrer ces évolutions dans une publication plus complète sous forme de traité plus méthodique.

J'entends donc alimenter au fil du temps une collection à coût réduit composée d'ouvrages minces et faciles à lire, qui permettront aux créateurs ou utilisateurs d'images – ainsi que leurs avocats - d'étoffer peu à peu leurs connaissances à l'aide d'éléments concrets.

Je privilégierai un prix abordable pour permettre à chacun de se tenir informé dans un univers juridique en constante évolution, et où les règles ne sont pas toujours faciles à comprendre.
J'espère susciter ainsi votre intérêt.

Bonne lecture !

Joëlle Verbrugge

LE SUJET DE CE VOLUME

Lorsqu'un photographe m'approche pour me faire part d'une contrefaçon dont il estime avoir été victime, l'une des premières questions qu'il me pose est la suivante : « *À combien pourrait se monter mon indemnisation ?* ».

Or, s'il y a bien une question à laquelle il est impossible de répondre immédiatement, c'est celle-là. Et ce pour deux raisons :

- Tout d'abord, établir le décompte d'un préjudice de cette nature prend du temps, surtout si la personne qui a utilisé votre photo s'en est servie sur de nombreux supports. Et plus encore s'il y a plusieurs photographies en litige. Vous verrez dans les cas concrets que je vous propose au Chapitre 1 le type de décompte détaillé auquel ce travail de fourmi peut mener, et vous en déduirez aisément le temps qu'il faut y consacrer.
- Ensuite, parce que les magistrats peuvent décider de réduire les montants sollicités, et le font d'ailleurs fréquemment. En outre – et c'est à ce stade qu'intervient l'ouvrage que vous avez entre les mains – certains magistrats rechignent à admettre le principe même de l'application des barèmes professionnels sur lesquels vous avez pu fonder votre décompte initial, lui préférant une estimation forfaitaire souvent sortie de nulle part, malgré les principes édictés par le Code de la propriété intellectuelle dont je rappellerai le contenu.

Ces dernières années, je suis parvenue dans différents dossiers à obtenir l'application quasi-mathématique des barèmes invoqués, sur base de calculs très précis. Ce n'est bien sûr pas une constante, et j'ai été moins satisfaite dans d'autres dossiers. Ce qui m'a décidée à rédiger cet ouvrage, c'est le constat de l'importance que revêt la rigueur du calcul et de la présentation du décompte au moment de formuler les demandes.

Il y a sans doute mille façons de présenter ce type de décomptes, et je ne prétends pas détenir de « solution miracle », et vous verrez d'ailleurs dans les cas concrets que je détaille à la fin du Chapitre 1 que tous n'ont pas débouché sur une victoire mathématiquement identique aux demandes formulées.

Cet ouvrage complète donc, d'une certaine manière, le « *Checklist On m'a volé une photo* » publié il y a quelques années auprès de 29bis Éditions, et toujours disponible (voir mon blog). J'approfondis donc ici un élément très précis de la problématique, afin d'aider les photographes et leurs avocats à construire leur dossier.

Enfin, le chapitre 2 de cet ouvrage est destiné à se compléter au fil du temps. Que vous soyez photographe, avocat, ou même magistrat, si vous disposez de décisions (surtout lorsqu'elles n'ont pas été publiées) dans lesquelles ces barèmes sont invoqués par l'une au moins des parties, quelle que soit ensuite la décision rendue), n'hésitez pas à me les transmettre afin que je puisse augmenter, au fil du temps, cet outil destiné à aider les photographes dans leur combat pour le respect de leurs droits d'auteur, tout en leur assurant d'argumenter conformément aux attentes des cours et tribunaux. Il est possible, à cette fin, de me contacter via l'adresse droitetphotographie@gmail.com (merci de donner à votre mail un titre bien ciblé).

STRUCTURE DE L'OUVRAGE

J'ai divisé cet ouvrage en deux parties.

Dans le premier chapitre, je rappellerai les principes applicables en vertu du Code de la propriété intellectuelle et comparerai ces principes avec les tendances – souvent contestables – des juges à qui de telles affaires sont soumises.
Ensuite, je vous proposerai l'étude de quelques cas concrets, à partir de dossiers dont j'ai été personnellement chargée et dans lesquels je suis parvenue à obtenir une condamnation en application des barèmes, sur base de mes décomptes : parfois à l'euro près, parfois de façon un peu moins satisfaisante. Le but de ces explications est de vous montrer une façon concrète – parmi d'autres ! – d'articuler vos calculs.

Dans le second chapitre, je vous propose une revue de jurisprudence sous forme de tableau, afin de revenir sur les points importants de nombreuses décisions qui ont :

- Soit accueilli le principe de l'application de barèmes professionnels, quels qu'ils soient, quitte à réduire les montants sollicités.
- Soit au contraire écarté, par principe, l'application des barèmes pour des motifs ou prétextes variés.

La finalité de cette revue de jurisprudence est d'attirer votre attention sur les arguments qui peuvent vous être opposés, afin de permettre à chaque photographe et chaque avocat une préparation aussi efficace que possible, augmentant ainsi les chances de voir accueillir vos demandes.

CHAPITRE 1

PRINCIPES ET CAS CONCRETS

LES PRINCIPES ÉDICTÉS PAR LE CODE DE LA PROPRIÉTÉ INTELLECTUELLE

Le Code de la propriété intellectuelle prévoit, en ce qui concerne l'indemnisation du préjudice lié à la contrefaçon, une disposition dont la clarté devrait justifier qu'elle soit suivie à la lettre par tous les magistrats saisis d'affaires de ce genre.

« Pour fixer les dommages et intérêts, la juridiction prend en considération distinctement :
1° Les conséquences économiques négatives de l'atteinte aux droits, dont le manque à gagner et la perte subis par la partie lésée ;
2° Le préjudice moral causé à cette dernière ;
3° Et les bénéfices réalisés par l'auteur de l'atteinte aux droits, y compris les économies d'investissements intellectuels, matériels et promotionnels que celui-ci a retirées de l'atteinte aux droits.
Toutefois, la juridiction peut, à titre d'alternative et sur demande de la partie lésée, allouer à titre de dommages et intérêts une somme forfaitaire. Cette somme est supérieure au montant des redevances ou droits qui auraient été dus si l'auteur de l'atteinte avait demandé l'autorisation d'utiliser le droit auquel il a porté atteinte. Cette somme n'est pas exclusive de l'indemnisation du préjudice moral causé à la partie lésée. » (Art. L331-1-3 du CPI)

Le commentaire de cet article est assez simple :

1° - Il faut tenir compte de **<u>TOUTES</u>** LES CONSÉQUENCES ÉCONOMIQUES négatives, incluant donc à la fois :

- Le manque à gagner (les droits qui auraient pu être négociés amiablement si l'utilisateur avait pris soin de demander l'autorisation et de solliciter un devis pour la cession des droits d'exploitation)
- Et toute autre perte potentielle subie par l'auteur.

2° - Le préjudice moral doit également être indemnisé (je m'étendrai sur cette question plus loin dans le chapitre, au moment d'exposer ma façon de procéder et les raisons pour lesquelles je pratique ainsi).

3° - Il faut aussi en principe tenir compte de l'avantage indirect que la contrefaçon a procuré au contrefacteur qui a ainsi réalisé un bénéfice.

L'article précise aussi que **<u>LORSQUE LA PARTIE LÉSÉE LE DEMANDE</u>** (et uniquement lorsqu'elle le demande !), le juge peut, au lieu de procéder à des calculs précis, allouer une somme forfaitaire MAIS même dans ce cas, cette somme doit être nécessairement SUPÉRIEURE à ce qui aurait pu être négocié ET doit être augmentée de l'indemnisation des atteintes aux droits moraux.

L'APPLICATION PRATIQUE

En pratique pourtant, il existe d'innombrables exemples dans lesquels les magistrats qui se voient présenter des décomptes précis par l'auteur victime de la contrefaçon se contentent d'écarter les décomptes et - sans que la demande ne vienne de l'auteur comme l'exige pourtant le Code de la propriété intellectuelle ! - allouent une somme forfaitaire, parfois même sans la moindre explication sur son montant. Nous en verrons quelques exemples dans les tableaux de la revue de jurisprudence du second chapitre de l'ouvrage.

C'est précisément cette tendance des magistrats qui m'a amenée, au fil du temps, à réunir la matière que j'utilise dans cet ouvrage, et à vous proposer des outils et méthodes pour (tenter de) rappeler aux magistrats quelles sont les règles qui s'imposent à eux.

Pendant la rédaction de cet ouvrage, la Cour de Cassation a rendu un important arrêt de nature à aider tous les demandeurs dans les procédures en contrefaçon.

L'affaire concernait une contrefaçon de marque et de dessins et modèles (sacs à main contrefaits), mais les principes et la base légale en matière d'indemnisation sont identiques (notamment l'article L331-1-3 du Code de la propriété intellectuelle que je citais plus haut).
Dans le cadre de cette affaire, la société titulaire des marques et dessins/modèles reprochait à la Cour d'appel d'avoir insuffisamment motivé sa décision quant aux critères pris en considération pour calculer l'indemnisation. Ceci donna à la Cour de Cassation l'occasion de rappeler les principes issus du Code de la propriété intellectuelle :

« /…/ les juges saisis d'une demande indemnitaire pour des faits de contrefaçon doivent se prononcer en considération des conséquences économiques négatives de la contrefaçon, dont le manque à gagner et la perte subis par la partie lésée, du préjudice moral causé à cette dernière et des bénéfices réalisés par le contrefacteur, y compris les économies d'investissements intellectuels, matériels et promotionnels que celui-ci a retirées de la contrefaçon ;

Qu'en prenant en considération, pour condamner les prévenus, qu'elle déclarait coupables d'avoir contrefait les œuvres de l'esprit, les dessins et modèles et les marques de la société /…/ à payer à cette société la somme de 8.000 € au titre de son préjudice matériel, le nombre de sacs contrefaisants retrouvés, au lieu de se prononcer en considération des critères légaux, la cour d'appel a méconnu (le Code de la propriété intellectuelle) et les articles 1240 du Code civil, 591 et 593 du Code pénal).
/…/ En statuant ainsi, la cour d'appel, qui ne s'est pas expliquée sur les critères qu'elle devait prendre en considération /…/ et qui n'a pas constaté qu'elle était saisie par la partie lésée d'une demande d'indemnisation forfaitaire /…/ n'a pas justifié sa décision. » (Cass.crim. 15/2/2023, n°21-84417).

Ce n'est pas la première fois que ces rappels sont effectués, mais l'intérêt de cet arrêt est double :

- D'une part il est récent !
- D'autre part il est rendu en matière pénale, ce qui permet de rappeler aux juges des tribunaux correctionnels et Cours d'appel (chambres pénales) que les principes leur sont également applicables !

Un autre arrêt qui me paraît important - bien que celui-ci ne concernait pas les barèmes professionnels - a été rendu par la Cour d'appel de Versailles.

Dans une affaire de contrefaçon de photographie, cette juridiction était amenée à commenter le dernier paragraphe de l'article L331-1-3 du Code de la propriété intellectuelle, qui précise comme je l'indiquais plus haut que la somme forfaitaire éventuellement réclamée, à la demande de la partie lésée, doit être supérieure au montant des redevances qui auraient pu être négociées. À ce sujet, la Cour d'appel précise (et je souligne moi-même) :

« Il convient d'abord de rappeler que l'article L331-1-3, in fine, du Code de la propriété intellectuelle précise que la somme allouée à titre de dommages et intérêts est non seulement forfaitaire, mais qu'elle doit être supérieure au montant des redevances ou droits qui auraient été dus si l'auteur de l'atteinte avait demandé l'autorisation d'utiliser le droit auquel il a porté atteinte. ***Le but étant bien évidemment de dissuader les contrevenants de s'affranchir de la nécessaire autorisation d'utiliser les droits reconnus à l'auteur et protégés par ces dispositions****. » (CA Versailles, 15/3/2022, RG 20/04475).*

Nous verrons dans la revue de jurisprudence de la dernière partie de cet ouvrage que ces différents rappels ne sont pas inutiles !!!

Les obstacles posés sur le chemin de l'auteur qui souhaite voir indemniser le préjudice lié à la contrefaçon dont il est victime sont suffisamment nombreux (coût des procédures, exigence de démontrer l'originalité de son œuvre, etc.) pour qu'une fois presque arrivé au bout du parcours, la loi soit au moins respectée dans l'évaluation de son dommage.

À QUOI SERVENT LES BARÈMES PROFESSIONNELS ?

Les barèmes professionnels sont en principe conçus pour servir de base de calcul au photographe qui établit un devis en vue de répondre à une commande de l'un de ses clients, lui-même professionnel. Il s'agit donc de fixer le montant correspondant à la rémunération de la cession des droits patrimoniaux d'exploitation sur les différents supports qui seront utilisés par le client.

Il s'agit de l'application concrète des règles fixées par l'article L 131-3 du Code de la propriété intellectuelle rédigé comme suit :

« La transmission des droits de l'auteur est subordonnée à la condition que chacun des droits cédés fasse l'objet d'une mention distincte dans l'acte de cession et que le domaine d'exploitation des droits cédés soit délimité quant à son étendue et à sa destination, quant au lieu et quant à la durée.
Lorsque des circonstances spéciales l'exigent, le contrat peut être valablement conclu par échange de télégrammes, à condition que le domaine d'exploitation des droits cédés soit délimité conformément aux termes du premier alinéa du présent article.
Les cessions portant sur les droits d'adaptation audiovisuelle doivent faire l'objet d'un contrat écrit sur un document distinct du contrat relatif à l'édition proprement dite de l'oeuvre imprimée.
Le bénéficiaire de la cession s'engage par ce contrat à rechercher une exploitation du droit cédé conformément aux usages de la profession et à verser à l'auteur, en cas d'adaptation, une rémunération proportionnelle aux recettes perçues. » (Art. L131-3 du Code de la propriété intellectuelle).

Les barèmes contiennent donc différentes grilles de tarifs visant les utilisations les plus courantes des photographies, avec des montants suggérés de droits d'auteur variant selon la durée de la cession envisagée, le format de la reproduction, etc. Vous connaissez certainement le fonctionnement de cet outil, et dans le cas contraire je vous invite à vous y plonger rapidement.

Dans cette optique, les barèmes ne sont au départ pas conçus pour servir de calcul à des indemnisations de préjudice en cas de contrefaçon et ne peuvent d'ailleurs pas être comparés aux grilles d'indemnisation créées sur base de la jurisprudence dans d'autres domaines (par exemple celui de l'indemnisation du préjudice corporel en cas d'accident). En ce sens, il est parfaitement exact que ces barèmes, quels qu'ils soient, n'ont pas de caractère officiel.

Pourtant, ils sont en pratique fort utiles dans de tels litiges, au moment d'adresser une mise en demeure à l'utilisateur à qui une contrefaçon est reprochée.

On assiste alors à de vifs échanges entre :

- D'une part le photographe (éventuellement assisté de son avocat), qui tente de justifier le bien fondé des calculs effectués à l'aide desdits barèmes.
- D'autre part la partie poursuivie (qu'il s'agisse d'un client du photographe qui n'a pas respecté les limites de la cession OU d'un tiers avec qui le photographe n'a conclu aucun contrat), qui va s'étonner qu'on lui oppose des barèmes que, bien souvent, elle ne connaît absolument pas. Cette partie en contestera alors non seulement l'application, mais aussi, à titre subsidiaire, les montants sollicités, les calculs effectués, etc.

Dans la mesure où l'outil que constituent ces barèmes est précieux, et adapté à l'évolution du marché (les barèmes sont actualisés au fil du temps), il serait dommage de se priver de cette possibilité de calculer votre préjudice en cas de contrefaçon avérée.

Mais il reste donc à s'en servir efficacement et, surtout, à démontrer au magistrat saisi lorsqu'une procédure est engagée, qu'il est bien plus facile (et conforme à la loi) d'accepter vos décomptes que de les écarter.
Et ceci n'est pas toujours simple...

QUELS BARÈMES POUVEZ-VOUS UTILISER ?

Où trouver ces barèmes ?

Les barèmes à proprement parler

Cet ouvrage étant essentiellement destiné aux photographes, l'énumération ci-dessous concerne donc les barèmes applicables aux photographies.

- Les plus utilisés sont incontestablement les « Barèmes indicatifs » de l'**U**nion des **P**hotographes **P**rofessionnels (UPP, jadis nommée UPC). Ces barèmes sont distribués par l'UPP à ses adhérents, mais peuvent aussi être achetés par quiconque sur le site de cette association, à l'adresse : https://www.upp.photo/fr, rubrique « Boutique ». À l'heure où j'écris ces lignes, la dernière version en date est le millésime 2022, constitué par un fascicule A4 de 50 pages.
  Ce sont les barèmes sur lesquels je base moi-même les décomptes dans les dossiers qui me sont soumis, sauf cas particuliers (notamment lorsque le photographe démontre appliquer des tarifs préétablis, affichés sur son site et communiqués à ses clients, par exemple).

  Ce barème de l'UPP contient deux parties :
  - La première partie est relatives aux œuvres préexistantes. C'est sur ce barème-là que se basent dans la majorité des cas les photographes au moment d'établir un décompte à utiliser devant un magistrat. Ce barème est plus simple à mettre en œuvre, et dès lors à expliquer aux magistrats. En outre, une grande partie des litiges surviennent entre des parties qui n'ont pas de liens contractuels antérieurs de telle sorte qu'aucune « commande » n'a pu être passée entre elles.
  - La seconde partie est intitulée « Barème à points », et concerne les œuvres de commande. Son utilisation est un peu plus complexe, mais permet d'aboutir à une rémunération généralement plus élevée. Vous trouverez une mention de ce « Barème à points » dans l'une des décisions commentées au Chapitre 2.

- Le barème de la **S**ociété des auteurs des **A**rts visuels et de l'**I**mage **F**ixe (SAIF). Cet outil est gratuitement accessible sur le site de cette société de gestion des droits, à l'adresse https://saif.fr/site/assets/files/1022/tarifs_saif.pdf.
La version proposée en ligne, au jour où j'écris ces lignes, est datée de 2023 et comporte 61 pages.

- La "Société des **A**uteurs **D**ans les **A**rts **G**raphiques et **P**lastiques (ADAGP) regroupe des artistes de différentes disciplines. Les photographes n'y sont pas majoritaires, mais l'adhésion leur est proposée. Pour cette raison, on peut aussi déduire que les barèmes proposés par cette structure s'appliquent aux photographies.
On peut notamment lire sur le site officiel de cette structure : "*L'ADAGP représente près de 200 000 auteurs dans toutes les disciplines des arts visuels : peinture, sculpture, **photographie**, architecture, design, bande dessinée, manga, illustration, graffiti, création numérique, art vidéo, etc.*
Grâce à la richesse et à la diversité de son répertoire, elle est l'une des sociétés d'auteurs les plus importantes au monde.
Découvrez le répertoire des artistes membres de l'ADAGP, ainsi que les types de droits gérés pour ces artistes : droits de reproduction, droits de représentation, droits collectifs, droit de suite."
(http://www.adagp.fr/fr/jutilise-ou-vends-une-oeuvre/ma-boite-outils/repertoire-des-artistes - texte en ligne au 1er février 2023).
En pratique, ces tarifs sont moins souvent invoqués dans les procédures liées à des oeuvres photographiques, mais j'intégrerai dans ma revue de jurisprudence, malgré tout, quelques jurisprudences lorsqu'elles s'avèrent utiles pour la compréhension générale.
Ces barèmes (intitulés "Tarifs généraux") sont accessibles sur leur site à l'adresse http://www.adagp.fr/fr/jutilise-ou-vends-une-oeuvre/ma-boite-outils/tarifs.
À l'heure où j'écris ces lignes, la version en ligne est celle de 2023, et comporte 48 pages.

- J'ai trouvé également une seule décision évoquant des barèmes « SIPA-AFP » qui toutefois ne semblent plus exister, ou n'être à tout le moins pas (ou plus) disponibles en ligne. Cette décision sera intégrée dans mon tableau même si son utilité pratique reste donc très limitée.

Notez que des barèmes comparables existent également en Belgique (SOFAM - https://www.sofam.be/fr/30/Tarifs-Belgique), en Suisse (https://prolitteris.ch/fr/utilisateurs-tarifs/) et sans doute dans de nombreux pays (sans que je ne me sois livrée à une recherche méthodique). Mon étude concerne la jurisprudence française, même si le mode de calcul peut, possiblement, aider des photographes étrangers qui l'adapteront ensuite à leurs propres outils professionnels.

D'autres documents potentiellement utiles devant un magistrat

Enfin, même s'il ne s'agit pas réellement de « barèmes », deux autres textes peuvent être mentionnés, dès lors qu'ils sont susceptibles d'être utilisés dans certains dossiers :

- Le « *Code des usages en matière d'illustration photographique* », signé en 2017 par différentes structures :
  - Le Syndicat National de l'Édition (SNE)
  - La Fédération Nationale des Agences de Presse Photos et Informations (FNAPPI)
  - Le Syndicat des Agences Photographiques d'Illustration et de Reportage (SAPHIR)
  - Le Syndicat National des Agences photographiques d'illustration Générale (SNAPIG)
  - L'Union des Photographes Professionnels (UPP)

  Ce texte contient essentiellement des engagements destinés à protéger les photographes en cas d'insertion de photographies dans des œuvres littéraires, mais ne permet pas, en soi, d'établir des décomptes complets. Il peut par contre s'avérer utile pour compléter, dans certains cas, les raisonnements ou calculs de votre décompte principal, surtout lorsque la partie poursuivie a elle-même adhéré à l'une des associations signataires.
  Dans certaines décisions, des arguments chiffrés sont tirés de ce Code des usages, et j'intégrerai donc ces décisions dans mes tableaux pour permettre une vue d'ensemble.
  Vous trouverez notamment ce Code à l'adresse suivante :
  https://www.sne.fr/evenement_sne/signature-dun-nouveau-code-des-usages-en-matiere-dillustration-photographique/
  (lien de téléchargement peu visible, à droite de la page).
  Très curieusement, ce Code est souvent invoqué par la personne (ou la structure) qui est elle-même poursuivie pour contrefaçon, par exemple pour soutenir qu'une réédition d'un ouvrage pouvait se réaliser sans l'autorisation de l'auteur de photographies. L'outil est donc potentiellement à double tranchant, et il faut le manier avec précaution.

- Le « *Code des bonnes pratiques professionnelles entre éditeurs, agences et photographes* », signé en juillet 2014 entre différentes structures :
  - Une série de syndicats de la presse (nationale, magazine, régionale, départementale, d'information spécialisée,

d'information en ligne ou gratuite), dont les dénominations sont précisées en page 3 du document).

- Trois syndicats ou fédérations d'agences de presse (SAPHIR, FNAPPI et SNAGPIG)
- Et l'association "PAJ" (Photographes, auteurs, journalistes".

Un autre groupement (GESTE - Groupement des éditeurs de contenus et de service en ligne) a participé aux travaux, et la SAIF ainsi que la SCAM, sociétés de gestion des droits collectifs, ont également été associées à la médiation. On peut regretter qu'une seule association représentant les photographes soit signataire de ce document.
Je mentionne ce Code de bonne conduite pour être complète, mais n'ai pour l'instant pas trouvé de décision qui en fasse mention. Ceci viendra peut-être dans la future édition 2 de cet ouvrage. Le défaut de publication d'une décision ne signifie pas qu'il n'en existe aucune, de nombreux jugements et arrêts ne sont pas publiés dans nos bases de données, pourtant bien fournies. Les juristes pourront aussi se référer à l'article suivant : Patrick SERGEANT, « *Du bon usage du Code de bonnes pratiques professionnelles entre éditeurs, agences et photographes, issu de la mission Brun-Buisson : le régime d'exploitation des photographies de presse* », Communication Commerce Électronique, Décembre 2014, p. 44.
Description et historique :
https://www.culture.gouv.fr/Presse/Archives-Presse/Archives-Communiques-de-presse-2012-2018/Annee-2014/Un-code-de-bonnes-pratiques-professionnelles-entre-editeurs-de-presse-agences-de-presse-et-photographes-a-ete-signe-en-presence-de-la-ministre-de
Le texte signé :
https://www.culture.gouv.fr/content/download/97354/pdf_file/MCC_dossier-presse-photographie-15072014.pdf?inLanguage=fre-FR

Notez qu'il existe au moins une décision (voir dans le tableau de revue de jurisprudence en fin d'ouvrage, à la date du 30/4/2009) qui fait état d'un « barème » qui aurait été établi par la FNAPPI. Sur le site de cette structure, je ne trouve pas de mention d'un barème contenant des tarifs précis. Il est probable que la décision à laquelle je fais allusion ait en réalité visé le Code des usages dont la FNAPPI est l'une des cosignataires. Ceci bien sûr sous réserve d'un texte qui n'aurait pas été publié ou mis en accès libre, mais ce serait alors à tout le moins un document peu utilisé devant les juges.

Peut-on « panacher » ?

En d'autres termes, peut-on utiliser un barème pour une partie du décompte et un autre pour l'autre partie, en fonction de nos intérêts ?
Rien ne vous l'interdit formellement, mais je ne m'y suis jamais risquée...
À mon sens, une évaluation cohérente impose de rester sur une base identique, faute de quoi vous perdriez en crédibilité.
Il ne s'agit pas de piocher à droite et à gauche les modes d'évaluation les plus avantageux en mélangeant les sources.

La seule exception sera sans doute la possibilité d'ajouter à l'un des barèmes (UPP, SAIF ou ADAGP) quelques pénalités ou précisions issues du Code des Usages lorsque votre adversaire est une structure adhérente de l'une des fédérations ayant signé ce Code des usages, ne fût-ce que pour lui rappeler les engagements auxquels elle a indirectement souscrit.

Comment justifier l'application d'un coefficient multiplicateur ?

Il est courant – et je le fais systématiquement – de prévoir une majoration des droits d'auteur au moment d'établir mon décompte.
Mais il faut savoir que le seul document qui le prévoit expressément en cas d'utilisation illégale est le « Code des usages en matière d'illustration photographique » que je citais plus haut.

Ce "Code des usages" prévoit notamment :

- En cas de défaut de mention du nom du photographe, le Code des usages prévoit :

« En cas de signature incomplète, non identifiable ou erronée, le photographe ou son représentant pourra demander une indemnité, sous forme d'une majoration de 50% des droits.
Pour l'absence totale de signature, cette indemnité sera portée à 100% des droits sans préjudice de tous autres recours » (Code des usages en matière d'illustration photographique", pages 12 & 13).

- En cas de conservation abusive des « documents » par l'éditeur ou de détérioration

Le même Code des usages prévoit des majorations pour l'hypothèse (moins fréquente aujourd'hui) où l'éditeur conserve les documents photographiques au-delà de la durée convenue (page 15) ou lorsque ces documents ont été détériorés (page 16), mais ceci n'a quasiment plus d'utilité depuis la généralisation du numérique, même si ces dispositions peuvent potentiellement s'appliquer encore si des photographies argentiques ou d'autres documents difficilement duplicables sont utilisés.

Dans tous les cas, retenons que ces pénalités prévues par le Code des usages :

- D'une part, ne s'appliqueront que SI le Code des usages lui-même est applicable, c'est-à-dire si le litige vous oppose à un éditeur, et en principe si cet éditeur est membre d'une des fédérations signataires.

- D'autre part, ne semble viser que l'hypothèse où une atteinte au droit à la paternité de l'oeuvre (erreur ou omission totale de la mention du nom du photographe), alors que les pénalités peuvent logiquement s'appliquer dès qu'une utilisation a été faite sans l'accord du photographe.

Nous verrons dans la suite de l'ouvrage que certaines décisions ont admis des majorations jusqu'à un coefficient « x 3 » des barèmes.

Le photographe peut-il créer ses propres barèmes ?

Bien sûr, et je le lui conseille même vivement ! En effet, le temps passé en amont à créer et mettre en forme ces barèmes sera rapidement compensé par le temps gagné, ensuite, à démontrer qu'il s'agit de tarifs régulièrement appliqués (et facturés) à ses clients.
Ainsi non seulement ses clients seront avertis des risques encourus (il peut prévoir d'emblée une majoration en cas de dépassement des limites de la cession consentie) mais en outre, le magistrat sera plus facilement convaincu du bien-fondé de l'application de ces mêmes barèmes du photographe à un tiers qui se serait approprié illégalement une photographie. En effet, si ce tiers avait pris soin de contacter le photographe pour négocier avec lui, il se serait vu proposer les mêmes barèmes, que le juge appliquera probablement sans trop de difficulté.

Je ne peux donc que vous conseiller de prendre quelques jours pour créer vos barèmes, rassembler une série de factures ou de notes d'auteur démontrant leur application régulière, et constituer ainsi un dossier qui vous permettra aussi de gagner en assurance auprès de vos clients au moment de leur présenter vos tarifs.

ANTICIPER LE REFUS DES JUGES

Lorsqu'un décompte basé sur un barème professionnel est présenté à un juge, celui-ci (voir revue de jurisprudence du Chapitre 2), rejette parfois le principe même de l'application d'un barème, pour différents prétextes auxquels je vais tenter d'apporter déjà une réponse de principe dans cette section.

Les prétextes énumérés ci-dessous correspondent donc à certains de ceux qui apparaîtront dans le tableau de la Section 2 du Chapitre 2. Je ne les détaille ici que lorsqu'une réponse précise peut leur être apportée. Certains autres motifs de refus furent à ce point surréalistes qu'il vaut mieux ne pas en souffler l'idée aux magistrats en rédigeant vos conclusions.

Prétexte n°1 – « Le barème ne lie pas la partie poursuivie »

C'est une évidence !
D'une part, parce que ces barèmes sont « indicatifs » et le précisent eux-mêmes. D'autre part, parce qu'ils sont utilisés par les photographes, et que la partie poursuivie dans un litige de contrefaçon n'est généralement pas elle-même photographe.
Tout ceci n'empêche nullement les juridictions d'appliquer ces barèmes, comme nous le verrons dans différentes affaires commentées plus loin.

En outre, il est aussi parfaitement possible de prévoir l'insertion d'une clause dans vos commandes de photos « corporate » prévoyant une référence explicite à des barèmes en cas d'utilisation excédant les limites de la cession !

Une telle clause pourrait être rédigée de la façon suivante <u>SI vous n'avez pas de barèmes personnels</u> :
« Les parties conviennent que toute utilisation des œuvres au-delà des limites de la cession consentie sera indemnisée sur base des tarifs professionnels contenus dans les barèmes UPP/SAIF etc… (à vous de choisir), auxquels seront appliquées des pénalités jusqu'à un maximum de 3 fois le montant des droits éludés ».

Cette clause est toutefois à manier avec précaution, essentiellement parce que les magistrats refusent bien souvent que les parties se substituent à leur jugement au moment d'apprécier l'existence et les

conséquences d'une faute. Bien que le principe des clauses pénales existe en droit depuis des décennies, la nature pénale du délit de contrefaçon (malgré qu'on puisse agir au civil également) explique peut-être cette réticence à laisser aux parties le soin de chiffrer d'avance les conséquences d'une éventuelle contrefaçon.
En outre, il va de soi qu'une telle précaution n'aurait aucun intérêt pour une utilisation dont se rendrait coupable un tiers avec qui le photographe n'a aucun lien contractuel.

Cela étant, il est encore plus efficace de développer vos propres barèmes, de démontrer leur application systématique dans votre activité, et de tenter d'obtenir une indemnisation sur cette base.

Prétexte n°2 – « Le photographe ne démontre pas qu'il a l'habitude d'appliquer ces barèmes »

Il est certain que la tâche du photographe sera plus facile, devant un tribunal, s'il peut démontrer qu'il applique régulièrement des barèmes (quels qu'ils soient) en cas de cession de droits.
Toutefois, la revue de jurisprudence à laquelle je me livre dans le Chapitre 2 de l'ouvrage, ainsi que les cas concrets évoqués en fin de Chapitre 1 suffiront à vous démontrer qu'un tel argument n'est pas suffisant pour écarter toute application des barèmes.

Le but de la revue de jurisprudence du Chapitre 2 est précisément de vous fournir une base de données sur laquelle appuyer vos argumentations. Les magistrats saisis par un litige accepteront d'autant plus d'appliquer des barèmes que vous leur démontrerez qu'avant eux, d'autres ont rendu des décisions qui en faisaient une application parfois mathématique.

Prétexte n°3 – « Les barèmes n'ont qu'une valeur indicative » et « moi, partie poursuivie, je ne les connais pas »

Le caractère indicatif des barèmes est rappelé de façon quasi-systématique par les juridictions. Mais cela ne les empêche pas, dans bien des cas, d'en tenir compte soit de façon mathématique, soit à tout le moins comme élément de discussion et d'appréciation.

Le fait que la partie poursuivie n'en connaisse pas l'existence n'est pas, en soi, un obstacle comme le rappelle fort utilement le TGI de Paris dans une affaire tranchée en 2010 :

Il s'agissait d'un litige entre un cabinet d'architecture et un ancien employé. Ce dernier reprochait à l'architecte, son ex-employeur, d'avoir utilisé plusieurs de ses photos notamment sur Internet. L'ancien employé se basait sur les barèmes de l'UPP, que l'architecte disait ne pas connaître. Le tribunal motiva son jugement comme suit : « (L'ancien employé) verse aux débats les barèmes de l'UPC de 2009 qui certes ont une valeur indicative, mais qui constituent des renseignements soumis à la contradiction des parties, sans que la société défenderesse puisse utilement prétendre 'ne pas les connaître' » (TGI Paris, référés, 22/10/2010, RG 10/58565).

Bien entendu, il existe aussi – nous le verrons dans la revue de jurisprudence – des décisions écartant au contraire ces mêmes barèmes au prétexte précisément qu'ils ne font pas partie du champ contractuel entre parties.
L'essentiel, à ce stade de l'ouvrage, et de vous faciliter le travail dans la recherche d'arguments à faire valoir et ce tant dans la phase amiable de négociation que, si nécessaire, devant un magistrat par la suite.

Prétexte n°4 – « Le photographe n'est pas membre de l'association dont il utilise le barème pour chiffrer son préjudice »

Ceci n'est pas, a priori, un obstacle majeur à l'application des barèmes.
La Cour d'appel de Paris l'a d'ailleurs confirmé dans un arrêt que je commenterai plus bas (voir « Prétexte n°6 » ci-dessous ainsi que la première partie du tableau synthétique – CA Paris, 10/1/2017, RG 16/04858) :

« Qu'il convient dès lors de prendre comme élément de référence le barème indicatif 2010 de l'UPP, sans qu'il soit nécessaire que (la photographe) soit membre de cette association » (CA Paris, 10/1/2017, RG 16/04858)

Prétexte n°5 – « Le barème invoqué concerne les photos, et l'œuvre en litige est d'une autre nature »

Si l'œuvre en litige est une image fixe autre qu'une photo (dessin, gravure, peinture, illustration), il est en effet préférable d'utiliser plutôt les barèmes de la SAIF ou de l'ADAGP, et non ceux de l'UPP qui sont, eux, spécifiquement destinés à la photographie.

Prétexte n°6 – « Imposer un barème revient à abuser d'une position dominante ou monopolistique »

J'ai également trouvé dans l'une ou l'autre décision une argumentation assez étonnante, formulée par les parties poursuivies.
Il s'agissait de soutenir qu'imposer un tarif issu d'un barème professionnel reviendrait à exercer un abus de position dominante ou monopolistique.

Il fallait oser ! Aucune des institutions ayant rédigé les barèmes professionnels n'occupe de « position monopolistique ou dominante » au sens du droit économique.

Pour vous expliquer l'incongruité de ce raisonnement, il me faut d'abord rappeler ce qu'est un « abus de position dominante ».

Cette infraction, que l'on nomme aussi « *exploitation abusive de position dominante* » est prévue par l'article L420-2 alinéa 1er du Code de commerce, rédigé de la façon suivante :

« Est prohibée, dans les conditions prévues à l'article L.420-1, l'exploitation abusive par une entreprise ou un groupe d'entreprises d'une position dominante sur le marché intérieur ou une partie substantielle de celui-ci. Ces abus peuvent notamment consister en refus de vente, en ventes liées ou en conditions de vente discriminatoires ainsi que dans la rupture de relations commerciales établies, au seul motif que le partenaire refuse de se soumettre à des conditions commerciales injustifiées. »

La loi n'en donne pas de définition précise, mais la jurisprudence (notamment européenne) s'est chargée de combler cette lacune, par exemple dans un célèbre arrêt de la Cour de Justice de l'Union européenne, dès 1978 :

« La position dominante concerne une position de puissance économique détenue par une entreprise qui lui donne le pouvoir de faire obstacle au maintien d'une concurrence effective sur le marché en cause, en lui fournissant la possibilité de comportements indépendants dans une mesure appréciable vis à vis de ses concurrents, de ses clients et, finalement, des consommateurs » (CJUE 14 février 1978, United Brands et United Brands Continental BV/Commission, 27/76, point 65).

En d'autres termes, pour qu'il y ait « abus de position dominante » il faudrait qu'une « entreprise » (ce que ne sont PAS une société de gestion des droits collectifs comme la SAIF ou l'ADAGP, ou un syndicat de défense d'une profession comme l'UPP) se livre à certains types d'abus, tels que ceux qui sont énumérés sur le site du Ministère de l'Économie : des « prix prédateurs », des prix ou traitements discriminatoires, certains types de remises, du dénigrement, etc. (Pour plus de détails sur cette notion, voir notamment le site officiel du Ministère de l'Économie, à l'adresse https://www.economie.gouv.fr/dgccrf/Publications/Vie-pratique/Fiches-pratiques/Abus-de-position-dominante).

Or, la seule finalité d'un barème indicatif est d'aider les photographes (ou d'autres auteurs d'oeuvres de l'esprit) à négocier eux-mêmes, en toute liberté, les tarifs de cession de droits avec leurs propres clients. Rien n'oblige un photographe à s'en servir et, s'il s'en sert, rien ne lui interdit de les moduler à la hausse ou à la baisse, de les adapter à l'activité de son client, etc.

Dans l'une des décisions où ce moyen de défense fut invoqué et où la partie poursuivie le comparait à un autre tarif dont j'ai du mal à identifier la nature exacte, le tribunal ne fut pas dupe :

*« La société /…/ conteste l'abus de position monopolistique de l'ADAGP dans la fixation du paiement des redevances réclamées. Cependant, le seul fait de comparer un tarif de l'ADAGP avec le tarif de la VEGA (*NDRL : j'ignore à quoi il est fait allusion ici*) ne suffit pas à démontrer que les tarifs pratiqués par l'ADAGP sont excessifs et qu'elle profite de sa position. » (TGI Paris 28/11/2013, RG 12/05225).*

Cette jurisprudence est évoquée également dans le Chapitre II.

Prétexte n°7 – Une argumentation limitée à certains cas de figure

Il arrive, dans certains litiges, que l'argumentation tenue par le photographe soit à double tranchant, et risque de lui préjudicier au moment de calculer l'indemnisation qui lui revient.

Prenons un exemple concret, qui correspond à une jurisprudence du 10/1/2017 que vous retrouverez dans les tableaux synthétiques de la suite de l'ouvrage (Chapitre 2, revue de jurisprudence) :

- Une photographe à la renommée grandissante avait découvert qu'un fabricant de vêtements commercialisait un t-shirt reprenant une copie servile – semble-t-il intégrée dans un montage – de l'une de ses photographies.
- Elle avait donc assigné en contrefaçon, en invoquant un plagiat, et obtenu du tribunal, en première instance, la reconnaissance de la contrefaçon, mais une indemnisation qu'elle estimait insuffisante.
- Pour appuyer sa demande d'indemnisation, elle relevait notamment que si le fabricant l'avait approchée pour demander son autorisation et négocier avec elle, comme il aurait dû le faire, elle n'aurait jamais donné cette autorisation pour une telle utilisation de son œuvre.
- Ce faisant, et comme d'autres l'ont tenté avant elle, elle voulait insister sur le fait que l'auteur reste encore libre de décider à qui il souhaite – ou non – céder des droits, et qu'une utilisation sur un support qui ne lui aurait pas plu aggrave encore son préjudice.

Toutefois, l'effet pervers d'un tel raisonnement doit aussi être souligné : la partie adverse a alors vite fait d'en conclure que le photographe ne peut pas, dans ce cas, chiffrer ses dommages et intérêts en fonction d'un prétendu manque à gagner, puisque précisément il indique qu'il n'aurait JAMAIS accepté une telle cession. Ou, en d'autres termes, *« il ne peut pas y avoir de manque à gagner si vous n'auriez en tout état de cause pas accepté de gagner quoi que ce soit »*. Et c'est précisément ce qui fut invoqué dans cette affaire par le fabricant de vêtements :

« Qu'en ce qui concerne le manque à gagner, (le fabricant) indique que du propre aveu de (la photographe), celle-ci n'aurait jamais conclu d'affaire avec (lui), de telle sorte qu'elle n'a manqué aucune affaire et ne peut réclamer un manque à gagner qui n'existe pas. » (Argumentation du fabricant, reproduite dans l'arrêt – références ci-dessous, sous la citation suivante).

La Cour d'appel a fort heureusement balayé l'argument, en retenant que même si la photographe n'aurait pas accepté une telle utilisation, celle-ci n'en restait pas moins illégale donc sanctionnable. L'attendu de l'arrêt est rédigé en ces termes :

« Considérant ceci exposé, qu'indépendamment du fait que (la photographe) n'aurait a priori pas donné son accord à une licence autorisant (le fabricant) à reproduire la photographie litigieuse sur un modèle de tee-shirt, il n'en reste pas moins qu'en procédant à la commercialisation de ce tee-shirt sans son accord, (le fabricant) a de ce fait privé (la photographe) de la rémunération à laquelle elle aurait alors pu prétendre, de telle sorte que le montant des droits ainsi éludés constitue le manque à gagner subi par (la photographe) » (CA Paris, 10/1/2017, RG 16/04858)

Il restait donc ensuite à évaluer le montant des dommages et intérêts, et j'évoque cela dans la première partie du tableau, avec une particularité de cette affaire, puisque c'était la partie poursuivie qui invoquait elle-même les barèmes de l'UPP, et non la photographe.

QUELQUES CAS CONCRETS

À quoi sert cette section de l'ouvrage ?

Dans les pages qui vont suivre, je vais reproduire et expliquer la façon dont j'ai établi des décomptes dans différents dossiers qui m'ont été personnellement confiés par des photographes et dans lesquels j'ai obtenu des décisions favorables et, pour certaines, conformes à l'euro près aux décomptes présentés.

Avant chaque exemple, je décrirai brièvement les données concrètes du litige : nombre de photographies en litige, supports de reproduction constatés, existence (ou non) d'une atteinte aux droits moraux, et toute autre précision utile. La référence de chaque décision sera bien sûr précisée afin que les lecteurs et leurs avocats puissent se servir des jugements ou arrêts rendus si nécessaire.
Je reproduirai, lorsque cela s'avère intéressant, quelques extraits des décisions obtenues.
Et je préciserai si la décision est « coulée en force de chose jugée » (c'est-à-dire si elle est définitive) ou si, au contraire, la procédure est encore en cours (suite à un appel interjeté, ou simplement sur un aspect du litige alors qu'un autre volet a déjà été tranché).

Gardez à l'esprit que dans une procédure, on ne cite en principe que les décisions devenues définitives. Votre avocat, en cas d'action en justice, fera le tri de ce qu'il est en mesure d'utiliser comme décisions dans votre litige.

Les barèmes peuvent-ils servir pour calculer les dommages et intérêts en cas d'atteinte aux droits moraux ?

Oui et non...
Je m'explique !

Dans le début de ce Chapitre 1, je précisais que les barèmes professionnels n'ont en principe vocation qu'à permettre le calcul des droits PATRIMONIAUX, c'est-à-dire le calcul des droits revendiqués (et revendicables) par le photographe en fonction de la nature (et parfois du format) des supports sur lesquels ses photos seront reproduites.

Aux droits « de base » - qui auraient pu être négociés amiablement si l'utilisateur avait contacté préalablement le photographe pour solliciter l'autorisation d'utiliser la photo -, on peut ajouter ensuite, ligne par ligne, des majorations :

- Du fait qu'aucune autorisation n'a été demandée par l'utilisateur poursuivi (atteinte au droit patrimonial, puisqu'il y a eu reproduction ou représentation sans l'accord de l'auteur).
- Dans certains cas, on peut y ajouter une majoration en raison de la nature de la photo (notamment pour les photographies sous-marines ou aériennes) – Aucun de mes cas concrets ne concerne une telle photo, mais cela est possible et prévu bien souvent dans les barèmes existants.

Théoriquement, donc, la réponse à la question posée plus haut doit donc être négative : les barèmes sont conçus essentiellement pour les droits patrimoniaux !

Lorsqu'en plus de la reproduction, l'utilisateur a modifié la photographie (recadrage, changement des teintes, ajout ou suppression d'un élément) et/ou porté atteinte au droit à la paternité sur l'œuvre (en omettant d'indiquer le nom du photographe ou même en mentionnant un autre nom que celui de l'auteur réel), il faudra également chiffrer cette atteinte aux droits moraux en cas de mise en demeure et de procédure ultérieure. Ces atteintes font en effet partie intégrante du préjudice de l'auteur.

À ce niveau, il y a principalement deux façons de procéder :

- Soit chiffrer le préjudice indépendamment du calcul des droits patrimoniaux, en évaluant un forfait sur le choix duquel il convient bien sûr d'argumenter pour convaincre le magistrat. Cela se matérialise donc, dans le décompte, par un poste totalement distinct, qui ne différencie pas nécessairement les supports concernés par la reproduction lorsqu'ils sont multiples, et qui aboutit à une évaluation le plus souvent forfaitaire demandée par le photographe.

- Soit, comme je le fais le plus souvent, inclure ce préjudice en tant que majoration de chaque ligne concernée du décompte des droits patrimoniaux. Ainsi, il y aura par exemple dans un décompte, une rubrique se présentant comme ceci :

Utilisation de la photographie sur Site commercial	
avec vente en ligne - Fréquentation estimée à	
moins de 500.000 connexions/mois	
modèle tshirt Volontaire - Durée 4 ans	1 120,00 €
Majoration pour défaut d'autorisation	280,00 €
Majoration pour défaut de mention du nom	280,00 €
Majoration pour modification	280,00 €

(Extrait du cas concret n° 4 examiné en page......)

Dans cet exemple extrait de l'un de mes décomptes :

- La ligne aboutissant à la somme de 1120 € (utilisation sur un site commerciale) et la majoration pour défaut d'autorisation) concernent donc les droits patrimoniaux.
- Par contre, la liste relative au défaut de mention du nom et celle relative à la modification de l'œuvre concernent les atteintes aux droits moraux, à savoir respectivement le droit au respect de la paternité sur l'œuvre et le droit au respect de l'intégrité de l'œuvre.

Ceci permet d'une part de rester malgré tout sur une évaluation proportionnelle à l'importance de la contrefaçon constatée, tout en ventilant bien, pour chaque utilisation, ce qui est en lien avec les droits patrimoniaux et ce qui concerne les droits moraux afin de permettre au juge d'apprécier point par point.

Pour l'instant – et bien que les barèmes ne soient en principe dédiés qu'aux droits patrimoniaux -, la seconde technique m'a plutôt bien réussi, de telle sorte que j'ai procédé ainsi dans chacun des dossiers dont j'extrais les cas concrets de cette partie de l'ouvrage. Il m'a même semblé, dans les affaires que j'évoque, que cette méthode de calcul facilitait la vie des magistrats ce qui, peut-être, les incitait à accueillir mes demandes.

Ceci n'est bien entendu qu'une supposition et AUCUNE règle générale ne peut être tirée en la matière. Des décisions tout aussi intéressantes ont été rendues dans des cas où, apparemment, les préjudices moraux étaient chiffrés de façon totalement distincte de l'énumération des atteintes aux droits patrimoniaux.

Cette façon de faire se justifie d'autant plus – bien qu'elle puisse paraître étrange à première vue – que selon la jurisprudence, le préjudice moral ne doit pas être totalement déconnecté du nombre d'actes de contrefaçon commis.

« À propos des chefs de préjudice, l'article L331-1-3 évoque expressément le préjudice moral subi par la victime de la contrefaçon, y compris s'il s'agit d'une personne morale. En effet, à cause de l'acte de contrefaçon, cette dernière subit, par exemple, une atteinte à son image et à sa réputation. Mais lorsqu'il s'agit de réparer le préjudice moral d'une personne morale, ce dernier « ne peut être évalué indépendamment du nombre d'actes de contrefaçon commis », ce qui signifie que son évaluation ne doit pas être déconnectée entièrement des actes de contrefaçon. » (Christophe CARON, « Droit d'auteur et droits voisins », Ed. Lexis Nexis, 3ème Ed., p. 518).

En pratique, il va de soi en effet que l'importance de la diffusion joue un rôle dans le calcul du préjudice moral.

Prenons un exemple pour nous en convaincre :

- Imaginez qu'un media local sur Internet utilise sans votre accord l'une de vos photos, pour illustrer un article consacré à une personnalité politique avec laquelle – de surcroît - vous n'avez absolument aucune affinité politique. La photo est publiée avec votre nom, mais a fait l'objet d'un recadrage. Mais la fréquentation de ce site web est très restreinte.

- Imaginez ensuite que la même photo soit utilisée dans un journal à diffusion nationale, éventuellement ensuite à la télévision, toujours avec votre nom mais après recadrage. Elle est diffusée à une heure de grande écoute, et reprise ensuite en couverture de différents magazines à diffusion également nationale voire internationale.

Vous percevez bien, avec ces deux cas de figure, que le préjudice moral lié au fait que l'association de votre nom à cette personnalité politique (qui constitue une atteinte potentielle à votre droit au respect de l'intégrité de votre œuvre) de même que le recadrage de la photo auront un impact bien plus important dans le second cas de figure. Or, les conditions de la reproduction sont identiques de façon objective (même photo, même personne représentée, même recadrage). L'impact de la diffusion, par contre, vous amène dans le second exemple une publicité qui est bien plus susceptible de vous nuire.

En d'autres termes, même si les barèmes professionnels sont en principe conçus pour évaluer les droits PATRIMONIAUX auxquels il a été porté atteinte par la contrefaçon, l'importance de ces droits, une fois calculés, peut ensuite (et DOIT ensuite) avoir une influence sur l'évaluation du préjudice moral qu'il convient aussi de réparer.
Et c'est pour cette raison que je choisis en général d'inclure dans mes décomptes détaillés une ligne, poste par poste, concernant chaque atteinte potentielle aux droits moraux, comme vous le verrez dans les cas concrets analysés.

Cette méthode est donc celle avec laquelle je me sens le plus à l'aise et qui m'a réussi à plusieurs reprises. Preuve au moins qu'en droit, elle ne pose pas de difficulté fondamentale malgré cette présentation (bien ordonnée) des préjudices matériels et moraux.

S'il existe une règle d'or, c'est la suivante : chaque dossier est différent, et il peut y avoir d'excellentes raisons de scinder, au contraire, en distinguant totalement les aspects patrimoniaux et les aspects moraux. Il existe d'ailleurs, dans le même sens, certaines décisions qui précisent expressément que le droit moral ne doit pas être lié aux barèmes. Ce fut le cas dans cette décision allant en sens contraire de ce que je pratique :

« La réparation d'une atteinte (au droit moral d'un auteur) ne saurait être calculée selon le barème prévu pour la cession des droits d'auteur par l'UPP (ex-UPC) puisque ce barème vise les droits patrimoniaux. » (CA Montpellier, 28/3/2000, RG 99/0001728)

Photographe et avocat doivent bien sûr toujours discuter ensemble de la façon de présenter un tel décompte, dès avant la première mise en demeure.

Enfin, ne perdez pas de vue qu'inclure cette partie du préjudice moral dans les décomptes n'empêche pas, parfois, que certains aspects du droit moral soient chiffrés à part. Vous en trouverez un exemple dans le cas n°3.

Quatre exemples concrets

Dans les cas concrets exposés ci-dessous, je ne m'attarde bien sûr que sur l'aspect relatif à l'évaluation des dommages et intérêts, sans revenir, par exemple, sur l'originalité des photographies en litige.

Il est évident qu'avant d'examiner le préjudice il faut bien sûr démontrer au magistrat que l'œuvre en litige est suffisamment « originale » (voir mon ouvrage complet sur le sujet). Et il faudra, dans son jugement, que le tribunal ou la Cour ait au préalable admis cette originalité pour que les juges examinent votre façon de chiffrer le préjudice subi.

Je n'ai pas toujours obtenu exactement ce que j'avais demandé pour le photographe, mais chaque jugement rendu permet de formuler certaines remarques utiles, ou critiques fondées sur le texte du Code de la propriété intellectuelle.

Les exemples sont dès lors partagés pour compléter les explications déjà fournies au début de l'ouvrage.

Exemple concret n°1 – Trois photos de concert

Les données du litige

Nombre de photographies en litige	3
Nature des photographies concernées	Photographies de concert
Nature/supports des reproductions illégales	Promotion de l'artiste photographiée sur ses propres réseaux sociaux pendant une saison de festivals
Références de la décision rendue	. TGI Paris, chambre correctionnelle, 29/4/2014, R.Z. c/ E.M., N° de Parquet : 13043000550 . CA Paris, Pôle 5, ch. 12, 12/10/2015, n° de Parquet identique (confirmation).
Cette décision est-elle définitive ?	OUI La chanteuse poursuivie avait interjeté appel du jugement, mais celui-ci fut confirmé (y compris dans les montants) en degré d'appel. Il n'y a pas eu de pourvoi en cassation.
Pour en savoir plus sur cette affaire	J'ai évoqué déjà cette affaire dans mon ouvrage « *L'originalité en photo et vidéo* » (1ère édition, 2021, pages 137 & 138).

Le décompte établi

Le décompte avait été établi par le photographe dans la note d'auteur adressée par ses soins à la chanteuse.
Dans ma mise en demeure et mon action en justice, j'ai – à sa demande – repris les mêmes montants à l'euro près. L'avocat est en effet lié par les instructions de son client. Peut-être aurions-nous pu obtenir un peu plus en majorant le décompte, mais son intention était surtout d'obtenir un jugement de principe sur la réalité de la contrefaçon.

Le décompte était basé sur les barèmes de l'UPP en vigueur en 2012, au moment de l'établissement de cette note d'auteur, et se présentait de la façon suivante :

Base de 120 € par utilisation de photo non autorisée	
. 3 photos publiées dans des albums sur Facebook	360,00 €
. 2 photos en bandeaux sur les réseaux sociaux	240,00 €
. 1 photo en image de profil	120,00 €
SOUS-TOTAL	720,00 €
Majoration du fait de l'utilisation sans autorisation	720,00 €
TOTAL	1 440,00 €

Une majoration de 100 % des droits éludés était donc mentionnée, ce qui revenait à multiplier par 2 ces droits, du fait de l'utilisation sans autorisation.

Après déduction du précompte qui devait être retenu et versé à l'AGESSA à cette époque une somme de 1316,61 € devait lui revenir (mon client, auteur-photographe était assujetti – et non affilié – à l'Agessa, dans l'ancien fonctionnement de la sécurité sociale des artistes, ce qui impliquait la retenue des charges sociales à la source).

Y avait-il un chiffrage distinct pour un aspect spécifique du préjudice ?

Non, aucune particularité sur le décompte lui-même au niveau des droits patrimoniaux.

Pour les atteintes aux droits moraux, le photographe ajouta toutefois une somme de 3.500 € dans le cadre de la procédure.

Il sollicitait aussi un montant de 1.500 € au titre de l'article 475-1 du Code de procédure pénale, qui est l'équivalent de l'article 700 du Code de procédure civile.

La décision des juges

Dans ce dossier, mon client et moi-même avions choisi d'introduire l'action devant le juge correctionnel, donc au pénal.

Un premier jugement fut rendu, après quoi la chanteuse interjeta appel, ce qui déboucha sur un arrêt confirmant en tous points le jugement favorable de première instance.

- ***La décision rendue en première instance***

Sur la question du préjudice, après avoir reconnu l'originalité des photographies et condamné la chanteuse à une amende de 1.000 € avec sursis (du fait de l'absence de casier judiciaire), le tribunal accueille en grande partie les demandes du photographe dans les termes suivants :

« La demande d'indemnisation formée par (le photographe) en réparation de son préjudice patrimonial est très exactement chiffrée et amplement justifiée par les pièces versées au débat. Il sera donc fait intégralement droit à cette demande.

Afin de tenir compte des tracas liés à la présente procédure qui aurait pu trouver une issue amiable, ainsi que du fait que (le photographe) a tenté vainement de proposer (à la chanteuse), cette dernière sera condamnée à lui verser la somme de 800 € en réparation du préjudice moral.
Quant à la demande formulée sur le fondement de l'article 475-1 du Code de procédure civile, elle sera satisfaite. »

La demande fondée sur les droits patrimoniaux, et établie sur base du barème de l'UPP fut donc intégralement accueillie, à l'euro près et sur base du montant qui aurait dû revenir au photographe après retenue du précompte, soit donc 1316,61 €.
Les droits moraux n'étaient donc pas inclus, cette fois, dans le calcul établi à l'aide du barème puisque le photographe avait présenté lui-même son décompte avant mon intervention dans le dossier.

L'indemnisation de l'atteinte aux droits moraux fut réduite à 800 € en lieu et place des 3.500 € réclamés. Rien ne permet d'affirmer que nous aurions obtenu mieux en incluant ces atteintes dans le décompte...
La somme allouée au titre de l'article 475-1 du Code de procédure pénale était égale à ce que nous sollicitions.
La chanteuse fit appel de ce jugement.

- ***L'arrêt de la Cour d'appel***

La Cour d'appel de Paris confirma le jugement dans toutes ses dispositions, y compris les condamnations au profit du photographe, et y ajouta une somme de 2.500 € sur base de l'article 475-1 du Code de procédure pénale relativement à la procédure d'appel.

L'intérêt de cette procédure réside surtout dans la motivation du premier jugement, qui relève la précision du décompte effectué par le photographe, même si ce décompte était simplifié et très raisonnable dans ses montants.

Exemple concret n°2 – Douze photos d'un yacht de luxe intégrées dans un documentaire télévisé à une heure de grande écoute

Les données du litige

Nombre de photographies en litige	12
Nature des photographies concernées	Photographies d'intérieur et d'extérieur d'un yacht de luxe
Nature/supports des reproductions illégales	Reproduction des 12 photos en plein écran dans un documentaire diffusé à une heure de grande écoute sur une chaîne télévisée nationale (FR2).
Références de la décision rendue	TGI Paris, 11/9/2014, RG 13/06707
Cette décision est définitive	OUI
Pour en savoir plus sur cette affaire	J'ai déjà évoqué cette affaire : . Sur mon blog, à l'adresse https://blog.droit-et-photographie.com/lexception-dinformation-ne-permet-pas-toutes-les-derives/ Les photos concernées sont visibles en vignettes dans cet article du blog. . Dans l'ouvrage « *L'originalité en photo et vidéo* », 29bis Éditions, 2021, en page 204.

Le décompte établi

Sur base de la diffusion effectuée par France Télévisions dans cette affaire, j'avais établi un décompte qui se présentait de la façon suivante :

Description de la photographie et mode de diffusion	Montant
. Photographie aérienne du bateau de Bernard Tapie - vue à partir d'un hélico	
Droit de reproduction dans un programme audiovisuel destiné à être télédiffusé -	
Diffusion de moins de 20 secondes limitée à la TV française	221,00 €
Majoration photo aérienne : 100%	221,00 €
. Photographie aérienne d'une scène sur le bateau de Bernard Tapie : le capitaine accueillant un invité arrivant en hélicoptère. Photo elle-même prise en hélico	
Droit de reproduction dans un programme audiovisuel destiné à être télédiffusé -	
Diffusion de moins de 20 secondes limitée à la TV française	221,00 €
Majoration photo aérienne : 100%	221,00 €
. 10 photographies intérieures et extérieures du bateau de Bernard Tapie	
Droit de reproduction dans un programme audiovisuel destiné à être télédiffusé -	
Diffusion de moins de 20 secondes limitée à la TV française	
Prix unitaire : 221 € x 10 photos	2 210,00 €
. Diffusion "replay" sur le site de France Television à l'adresse	
http://www.france2.fr/emissions/complement-denquete	
Droits de reproduction sur les sites des organismes culturels et services publics	
Site dont la fréquentation est estimée à plus de 500.000 connexions par mois	
Montant par photo pour une durée de 6 mois : 300 €	
2 photos aériennes : (300 € x 2) x 2	1 200,00 €
10 autres photos : 300 € x 10	3 000,00 €
Sous-total des droits	7 294,00 €
Majoration pour reproduction sans autorisation	7 294,00 €
Majoration pour reproduction sans nom de l'auteur	7 294,00 €
TOTAL GENERAL	21 882,00 €

Y avait-il un chiffrage distinct pour un aspect spécifique du préjudice ?

Dans cette affaire, mon client sollicitait également une indemnisation compensant l'obstruction manifestée par la partie poursuivie, sur base de l'article 32-1 du Code de procédure civile.

Pour rappel, cet article est rédigé dans les termes suivants :

« Celui qui agit en justice de manière dilatoire ou abusive peut être condamné à une amende civile d'un maximum de 10 000 euros, sans préjudice des dommages-intérêts qui seraient réclamés. » (Art. 32-1 du CPC).

Cet article s'applique tant au demandeur qui assignerait abusivement qu'au défendeur qui, pendant la durée de la procédure, ferait preuve d'une particulière inertie pour retarder le règlement du litige.
Ma demande à cet égard fut toutefois rejetée.

La décision des juges

Le jugement, dans cette affaire, fut un peu décevant.

Voici les attendus concernant l'indemnisation :

« Cette utilisation cause un préjudice (au photographe), lequel fonde la demande qu'il présente au titre de son droit à réparation du fait de la reproduction de ces photographies sur le barème indicatif de l'UPP de 2011-2012.
L'article 331-1-3 du CPI permet à la juridiction d'attribuer à titre de dommages et intérêts une somme forfaitaire, laquelle ne saurait être inférieure au montant des redevances ou droits qui auraient été dus si l'autorisation d'utiliser les droits en cause avait été sollicitée.
En l'occurrence, l'utilisation sans droits par la société France Télévisions de 12 photographies dont (le photographe) est l'auteur a causé à celui-ci un préjudice dont il sera fait une juste appréciation en la condamnant à lui payer la somme de 5.000 € au titre des droits de reproductions.
/…/ Par ailleurs, le travail de recadrage avec un floutage des bords des photographies diffusées sans son consentement, cause (au photographe) un préjudice moral certain, qui sera chiffré à la somme de 4.000 € »

Comme je l'indiquais ci-dessus, la demande complémentaire fondée sur l'article 32-1 du Code de procédure civile ne fut pas accueillie.
En revanche, une somme de 5.000 € fut allouée sur base de l'article 700 du même Code de procédure civile.

Remarques sur la décision rendue

Voici la principale remarque qui peut être faite sur cette décision.

Comparons tout d'abord le texte de l'article L331-1-3 tel que cité par le tribunal, et tel qu'il apparaît réellement dans le Code de la propriété intellectuelle.

Disposition **<u>telle qu'évoquée dans le jugement</u>** :

*« L'article 331-1-3 du CPI **<u>permet à la juridiction</u>** d'attribuer à titre de dommages et intérêts une somme forfaitaire, laquelle ne saurait être inférieure au montant des redevances ou droits qui auraient été dus si l'autorisation d'utiliser les droits en cause avait été sollicitée. » (TGI Paris, 11/9/2014, RG 13/06707).*

Disposition **<u>telle qu'elle apparaît réellement</u>** dans le Code de la propriété intellectuelle :

*« Toutefois, la juridiction peut, à titre d'alternative **<u>et sur demande de la partie lésée</u>**, allouer à titre de dommages et intérêts une somme forfaitaire. Cette somme est supérieure au montant des redevances ou droits qui auraient été dus si l'auteur de l'atteinte avait demandé l'autorisation d'utiliser le droit auquel il a porté atteinte. Cette somme n'est pas exclusive de l'indemnisation du préjudice moral causé à la partie lésée. » (Art. L331-1-3 du Code de la propriété intellectuelle, dernier paragraphe - <u>https://bit.ly/3LIUcru</u>).*

Comme vous l'aurez compris, la façon dont cet article a été évoqué dans le jugement est en totale contradiction avec le prescrit de la loi : le Code de la propriété intellectuelle prévoit bien qu'il faut, pour allouer une somme forfaitaire, <u>une demande de la partie lésée</u> !!! Or, les juges ne font absolument pas mention de cette condition et prétendent au contraire que c'est à la juridiction que cette possibilité est laissée !!!

En outre, la « retranscription » qu'ils font de cet article pose difficulté puisqu'ils rappellent néanmoins que la somme forfaitaire en question « *ne saurait être inférieure au montant des redevances ou droits qui auraient été dus si l'autorisation d'utiliser les (œuvres) en cause avait été sollicitée* » (voir extrait cité du jugement), mais sans expliquer comment, dans ce cas, aborder le décompte détaillé des droits qui était proposé dans les conclusions !

<u>Aucun appel n'a été interjeté</u>

La partie condamnée n'ayant pas interjeté appel, le photographe ne l'a pas fait non plus.
Nous aurions eu des arguments à invoquer sur le raisonnement juridique, comme indiqué ci-dessus, mais le photographe – et je le comprends – a souhaité arrêter les frais.
Ce jugement est donc définitif.

Exemple concret n°3 – Un paysage marin reproduit sur un panneau publicitaire de 60m²

Les données du litige

Nombre de photographies en litige	1
Nature des photos concernées	Paysage naturel
Nature/supports des reproductions illégales	. Panneau d'affichage publicitaire de près de 60 m² installé sur le chantier de construction d'un immeuble. . Dossiers de présentation du projet aux acquéreurs potentiels des différents lots : photographie reproduite sur une chemise cartonnée avec vernis sélectif, dans laquelle était insérée la documentation fournie par le promoteur.
Références des décisions rendues	1ère instance : TJ Bordeau, 21/7/2020, RG 17/00216 Appel : CA Bordeaux, CA Bordeaux, 6/6/2023, RG 20/03762
Cette décision est-elle définitive ?	Au moment où j'écris ces lignes, un pourvoi en cassation resterait possible contre l'arrêt rendu en appel, rendu très récemment. Toutefois, la Cour de Cassation n'étant pas compétente pour apprécier le montant d'une indemnisation, un tel recours n'aurait d'impact que s'il aboutissait à renvoyer l'intégralité de l'affaire devant une Cour d'appel de renvoi pour réexamen total. Je doute fort que le photographe concerné envisage une telle voie (longue, coûteuse et incertaine).

Dans cette affaire nous avions assigné l'utilisateur principal de la photographie (que je désignerai ci-dessous par « Société n°1 »), à savoir donc le promoteur du projet immobilier. À son tour, il avait appelé en garantie :

- Une société n°2 (éditeur d'un magazine, qui lui avait transmis la photographie litigieuse)
- Une société n°3 (ayant réalisé la maquette du panneau publicitaire litigieux)
- Et son propre assureur, sur lequel je ne reviendrai pas, son intervention étant d'une part sans intérêt pour ce qui m'occupe,

et la société n°1 ayant en outre été déboutée de sa demande à l'égard de l'assureur.

Le décompte établi

Concernant l'affichage publicitaire installé en vue de promouvoir le chantier, le décompte établi en première instance se présentait de la façon suivante :

Utilisation	Montant
Utilisation de la photographie (Réf précisée) sur un affichage publicitaire au format 12,4x5 mètres (soit un peu plus de 60m²) Barème pour mobilier urbain adapté proportionnellement aux dimensions du panneau (soit 3794 € x 3)	11 382,00 €
Majoration pour utilisation sans autorisation (50%)	5 691,00 €
Majoration pour défaut de crédit photographique (50%)	5 691,00 €
Majoration pour dénaturation de la photo (recadrage) (50%)	5 691,00 €
	28 455,00 €

Me basant sur le barème de l'UPP 2015/2016 (p27) j'avais multiplié par 3 (vu la taille de la reproduction de la photo dans ce dossier) le montant maximal concernant l'affichage publicitaire sur mobilier urbain (la surface la plus élevée visée par le barème était d'environ 20 m²).

Concernant la plaquette/chemise de présentation cartonnée, j'avais estimé un tirage (à défaut d'avoir d'autres indications à ce sujet) de 1.500 exemplaires, pour aboutir au calcul suivant :

Utilisation	Montant
Plaquette/chemise cartonnée de présentation 1ère de couverture et 1/2 de la 4ème de couverture Estimation de tirage : 1.500 exemplaires Barème pour supports de communication (soit 808 € +343 - Couv avant /1/2 couv arrière)	1 151,00 €
Majoration pour utilisation sans autorisation (50%)	575,50 €
Majoration pour défaut de crédit photographique (50%)	575,50 €
TOTAL	2 302,00 €

Notez que cette façon d'estimer le tirage d'une publication - lorsque votre adversaire ne communique pas lui-même les informations - est importante. En estimant volontairement dans une « fourchette » haute, vous l'inciterez à s'indigner et à vous transmettre lui-même les justificatifs démontrant qu'en réalité il a imprimé nettement moins d'exemplaires.

Vous verrez dans la retranscription de la décision rendue que cette estimation du nombre de supports (en ce qui concerne la quantité des chemises de présentation, servant de base au calcul) fut acceptée en première instance et en appel.

Dans cette affaire, l'une des parties adverses produisait aussi deux décisions dans lesquelles des tribunaux avaient rejeté l'application des barèmes UPP, les considérant comme simplement indicatifs.
J'avais répondu à cela dans les termes suivants, extraits de mes propres conclusions en première instance :

« Dans ses « Conclusions récapitulatives n°2 », la société /.../ souligne que les parties n'ont jamais, contractuellement, fait référence au barème de l'UPP qui n'est en tout état de cause que purement indicatif
Le Concluant, comme indiqué ci-avant, s'efforce non seulement de les appliquer mais même de les dépasser, facturant ses cessions de droits à un prix plus élevé, comme ce fut le cas pour l'utilisation de la photographie sur la couverture du magazine /.../.

Et, si certaines jurisprudences ont en effet estimé que les barèmes de l'UPP (ex « UPC) n'avaient qu'un caractère indicatif pour les écarter au moment d'évaluer le préjudice (voir les 2 pièces produites – n°12 et 13 – par la société /.../), d'autres

les ont au contraire appliqués de façon scrupuleuse et au centime près, en adoptant les décomptes produits par les photographes.
À titre d'exemple
. TGI Paris 11/9/2014, RG 13/04056 - Pièce 35 du dossier du concluant
. TGI Marseille 23/10/2003, RG 01/05161 - Pièce 36 du dossier du concluant
. CA Paris, 6/10/2004, RG 03/10119 – Pièce 37 du dossier du concluant
. CA Aix-en-Provence, 8/1/2009, RG 07/15276 – Pièce 38 du dossier du concluant
. CA Paris 26/6/2013, RG 10/24329 - Pièce 39 du dossier du concluant - Application mathématique du barème UPP) » (extrait de mes conclusions déposées en première instance pour le photographe devant le TJ de Bordeaux).

Les décisions référencées dans cet extrait de mes conclusions de première instance figurent toutes dans la revue de jurisprudence que vous trouverez dans la suite de l'ouvrage.

Y avait-il un chiffrage distinct pour un aspect spécifique du préjudice ?

OUI !
Le photographe concerné par cette procédure est, par ailleurs, très impliqué dans la défense de l'environnement de sa région. Il démontrait, dans le dossier, avoir engagé différentes actions militantes pour éviter l'urbanisation de cette région très touristique.
Pour cette raison, il avait ressenti l'utilisation de sa photographie sur le support litigieux (l'énorme panneau de chantier de près de $60m^2$ cachant la construction d'un nouvel immeuble) comme une provocation, alors que sa renommée était nécessairement liée à la préservation du milieu naturel.
À ce sujet, invoquant une atteinte spécifique au droit moral à la préservation de l'intégrité de l'œuvre, il réclamait une indemnisation supplémentaire de 10.000 €.

La décision des juges en première instance

Le tribunal, après avoir rappelé intégralement le texte de l'article L331- 1- 3 du Code de la propriété intellectuelle puis détaillé les demandes de chaque partie, se penche dans un premier temps sur la question de l'application demandée des barèmes UPP, invoqués par le photographe.
Les parties adverses, bien sûr, soutenaient que ce barème était trop élevé, et qu'ils n'avaient en outre pas été expressément visés (ni appliqués) dans les relations contractuelles entre le photographe et l'une des parties à la cause.
Sur ce point, le tribunal va pourtant admettre l'application des barèmes UPP, au terme d'une motivation rédigée comme suit :

« Ce barème est certes indicatif et ne vise pas tous les cas de reproduction de photographies notamment sur du mobilier urbain, mais il constitue comme rappelé dans son introduction un 'ensemble de repères et de bases de prix permettant aux photographes d'avoir des outils de négociation pour leurs travaux existants, mais aussi d'estimation pour construire de nouveaux projets.'
Il n'est pas démontré l'existence d'un barème différent applicable aux affichages publicitaires en milieu urbain sans achat d'espace.
Rien n'interdit en conséquence de faire application du barème 2015 relatif aux "affichages publicitaires en milieu urbain" sans achat d'espace, tels que la bâche publicitaire litigieuse.
Comme mentionné dans l'introduction du barème, celui-ci est en harmonie avec ceux des deux sociétés d'auteurs françaises : la SAIF et l'ADAGP, ainsi que les barèmes belges (SOFAM) et allemands (Bild Kunst) qui gèrent également les droits d'auteur des images fixes.
Par ailleurs, contrairement aux allégations des (défenderesses), la facturation de la photographie litigieuse (par le photographe à l'une des parties à la cause) le 24/9/2012 était supérieure au barème UPP (édition 2011-212).
Il n'est donc pas établi que les barèmes de l'UPP soient excessifs. »

- ***Quant au panneau publicitaire de 60m²***

Concernant le panneau publicitaire utilisé par la défenderesse principale devant le chantier en cours, le tribunal admet le calcul que nous avions établi :

« Le barème 2015 de l'UPP fixe la rémunération due au photographe au titre de l'utilisation de sa photographie sur des affiches publicitaires en milieu urbain en fonction du nombre d'exemplaires tirés et de la dimension de l'affiche, /…/.
Comme rappelé plus haut, il ressort du PV de constat d'huissier du /…/ que la photographie (du demandeur) a été reproduite sur la bâche publicitaire au format 12,40 mètres sur 5 mètres.
Le barème 2016 de l'UPP ne prévoit pas de tarif pour une affiche de cette dimension ; la plus grande affiche prise en compte étant au format 3,60 m sur 4,80 m tarifée pour un tirage à moins de 100 exemplaires à 3.794 €.
Si le tarif 2015 de l'UPP ne varie pas de façon proportionnelle, il n'est pas incohérent, s'agissant de la reproduction de la photographie sur la bâche litigieuse, eu égard à son emplacement particulièrement visible dans une commune très fréquentée durant la période d'affichage incriminée du 16 juillet 2016 au 14 septembre 2016 qui correspond à la période estivale, et aux dimensions particulièrement grandes de la photographie reproduite (3 fois plus grande que la plus grande affiche prise en compte par le barème UPP de 2015), que la rémunération pour cette affiche soit 3 fois le prix de la plus grande affiche prise en compte par le barème soit 11.382 € (3794 € x 3). »

- ***Quant à la chemise (plaquette) publicitaire de présentation***

Examinons à présent la décision du tribunal concernant la chemise (plaquette) publicitaire de présentation délivrée aux acheteurs potentiels.

« Le barème 2015 de l'UPP fixe la rémunération due au photographe au titre de l'utilisation de sa photographie /…/ et (sur des) plaquettes publicitaires en fonction du nombre de tirages et de l'espace donné à la photographie sur ces supports.
S'agissant des plaquettes/chemises cartonnées contrefaisantes, il convient de rappeler que la photographie a été reproduite sur toute la première page de couverture et sur la moitié de la 4ème page de couverture des plaquettes.
(Le photographe) chiffre la rémunération au titre de l'utilisation de son œuvre sur ces supports, par référence au barème 2015 de l'UPP sur la base d'un tirage de 1.500 exemplaires.
(Les défenderesses), qui contestent le nombre d'exemplaires de plaquettes publicitaires retenu par (le photographe) ne rapportent pas la preuve, qui leur incombe, du nombre réel de tirage des plaquettes litigieuses.
Le tirage de 1.500 exemplaires sera donc retenu. /…/.
Selon le barème 2015 de l'UPP, le tarif appliqué aux tirages des plaquettes/chemises cartonnées publicitaires entre 1000 et 2000 exemplaires est de 808€ pour une reproduction en 1ère de couverture et de 646 € pour une 4ème de couverture.
/…/ Par référence au barème 2015 de l'UPP, la moitié de la 4ème page de couverture est tarifée 323 € (646 : 2), de sorte que les droits patrimoniaux (du photographe au titre de ces plaquettes/chemises cartonnées publicitaires doivent être fixés à 1131 € (808 € pour la 1ère de couverture + 323 € pour la ½ de la 4ème de couverture). »

- ***Quant aux pénalités***

Le tribunal en vient ensuite aux majorations et pénalités, et admet le principe, tout en réduisant le pourcentage à appliquer :

« Il est admis par la jurisprudence que pour tenir compte de l'attitude illicite du contrefacteur, résultant de l'atteinte à ses droits patrimoniaux et moraux sur son œuvre, il convient d'appliquer un coefficient multiplicateur au manque à gagner subi par l'auteur.
(Le photographe) applique une majoration de 50 % à son manque à gagner pour chacune des infractions commises (utilisation sans son autorisation, défaut de crédit photographique (atteinte au droit moral) et dénaturation de la photographie (recadrage) pour la bâche uniquement.
Au vu des éléments du dossier concernant les actes contrefaisants, cette majoration sera réduite à 25%

L'indemnisation due (au photographe) au titre de ses droits patrimoniaux et moraux sur son œuvre sera donc fixée comme suit :
S'agissant de l'affichage publicitaire urbain :
. Manque à gagner : 11.382 €
. Majoration pour utilisation sans autorisation : 2.845,50 € (25 % de 11.382 €)
. Majoration pour défaut de crédit photographique : 2.845,50 € (25 % de 11.382 €)
. Majoration pour dénaturation de la photographie : 2.845,50 € (25 % de 11.382 €)
Soit un total de 19.918,50 €
S'agissant des plaquettes/chemises cartonnées publicitaires :
. Manque à gagner : 1131 €
. Majoration pour utilisation sans autorisation : 282,75 € (25 % de 1131 €)
. Majoration pour défaut de crédit photographique : 282,75 € (25 % de 1131 €)
Soit un total de 1696,50 € »

Le promoteur, principal défendeur dans cette affaire, fut condamné à payer ces montants au photographe. Les sociétés n°2 et n°3 étaient, quant à elles, condamnées à garantir le promoteur, chacune à hauteur de 50%, des sommes allouées.

Par contre, la demande relative au préjudice moral lié à l'engagement écologique du photographe ne fut pas accueillie, le tribunal estimant que celui-ci ne démontrait pas que les défendeurs avaient connaissance de cet engagement. J'ajoute pour ma part, sur ce point précis, que les différents défendeurs connaissaient bien le photographe, et que ce point pouvait être (et était) démontré. Le tribunal rappelait que le photographe avait accepté à l'été 2012 une publication dans un magazine (publié par l'une des sociétés défenderesse) contenant plusieurs pages de publicités pour des projets immobiliers.
Cette demande-là ne fut donc pas accueillie.

Un appel fut interjeté par le promoteur. Afin de limiter ses frais, j'avais pour ma part suggéré au photographe qu'il poursuive exclusivement avec l'avocate établie au barreau du tribunal compétent (Bordeaux, dans ce cas), laquelle avait assumé avec succès la postulation et la plaidoirie en première instance alors que je m'étais chargée des conclusions. Les contraintes de la procédure civile imposent en effet, dans tous les dossiers soumis à un Tribunal judiciaire (ex - « Tribunal de Grande instance ») qu'un « postulant » soit désigné, c'est-à-dire un avocat inscrit au barreau du tribunal où se plaide l'affaire. Ceci contribue à augmenter considérablement les frais des parties lorsque, comme c'était le cas, leur avocat principal est établi dans un autre barreau (Bayonne, en ce qui me concerne dans cette affaire).

L'affaire fut longuement mise en état, puis plaidée fin avril 2023, et un arrêt est intervenu le 6 juin 2023.

L'arrêt rendu en appel

Cet arrêt fut très décevant quant aux montants alloués.
Détaillons cela poste par poste.

- ***Quant au panneau publicitaire de 60 m²***

Les sociétés n°2 et n°3 soutenaient qu'en lieu et place du barème de l'UPP, le tribunal aurait dû appliquer le barème de l'ADAGP qui prévoyait les utilisations sur des « bâches ». Elles reprochaient également aux premiers juges d'avoir calculé le montant de cette indemnisation proportionnellement, en multipliant le barème de base en fonction de la surface réelle du panneau, ce que ne prévoyait pas le barème UPP. Enfin, elles soutenaient qu'il n'y avait pas lieu d'appliquer le barème pour les affichages avec achat d'espace alors que le barème UPP proposait un tarif différent pour les affichages sans achat d'espace, plus adapté au cas d'espèce.
Sur base de ces calculs, elles proposaient de limiter l'indemnisation à la somme de 470,06 €, incluant déjà une pénalité fixée à 10 %.

Le photographe, quant à lui, demandait la confirmation du premier jugement.

La Cour d'appel trancha dans les termes suivants, après avoir rappelé les considérations du tribunal sur l'utilité des barèmes et après avoir admis le principe de l'utilisation du barème de l'UPP, dont rien n'indiquait qu'il soit inadapté ou excessif.

Sur le choix des tarifs précis (« affichage publicitaire avec achat d'espace »), la Cour donna également raison au photographe :

« Les sociétés (n°2 et n°3) font grief au tribunal d'avoir retenu comme base de calcul le tarif relatif à la publicité sur affiche avec achat d'espace et estiment que la catégorie 'affiches culturelles et affichages sans achat d'espace (théâtre, cinéma)' prévu dans le barème UPP serait plus adaptée.
Cependant, comme le souligne justement (le photographe), il n'est pas contestable ni d'ailleurs contesté que la (société n°1) a réalisé un affichage publicitaire alors que la catégorie de tarifs revendiquée par les (sociétés n°2 et n°3) est destinée à l'affichage culturel (théâtre, cinéma), l'UPP confirmant dans sa lettre en réponse (au photographe) datée du 23 mars 2021 que 'l'utilisation qui est faite de votre photographie correspond à un affichage publicitaire urbain. En effet, l'affichage est apposé sur une paroi visible des passants, et soumis à la réglementation protectrice de l'environnement et du cadre de vie.' » (CA Bordeaux, 6/6/2023, RG 20/03762).

De la même manière, la Cour d'appel écarte le barème de l'ADAGP invoqué par les sociétés n°2 et n°3 sur base des précisions apportées par l'ADAGP elle-même, laquelle précisait que cette catégorie ('affiches - bâches-panneaux') ne s'appliquait qu'aux organismes à but non lucratif, et non aux sociétés commerciales.
Le photographe avait en effet veillé à obtenir des confirmations de ses analyses en cours de procédure, pour étayer les choix que nous avions effectués dès la mise en demeure.

La Cour d'appel conclut à ce sujet :

« Dès lors, le fait de se référer au barème 2015 de l'UPP applicable aux affichages publicitaires avec achat d'espace en milieu urbain, pour apprécier la rémunération que (le photographe) était en droit d'obtenir si son autorisation avait été requise, n'apparaît pas dénuée de pertinence et il sera retenu à ce titre. »

C'est ensuite, au moment d'effectuer les calculs précis, que la Cour d'appel va considérablement réduire les montants alloués.

« Le barème 2015 de l'UPP fixe la rémunération due au photographe au titre de l'utilisation de sa photographie sur des affiches publicitaires en milieu urbain en fonction du nombre d'exemplaires tirés et de la dimension de l'affiche. La plus grande affiche prise en compte est au format 3,60 m sur 4,80 m pour un tirage à moins de 100 exemplaires à 3794 €.
Il ressort du PV de constat d'huissier /…/ que la photographie (litigieuse) a été reproduite sur une bâche publicitaire au format de 12,40 m sur 5 mètres de côté, Boulevard de la République à Andernos.
Si le premier juge a justement pris en considération l'emplacement particulièrement visible de la bâche litigieuse dans une commune très fréquentée durant la période d'affichage incriminée /…/ qui correspond à la période estivale ainsi que les dimensions particulièrement grandes de la photographie reproduite (3 fois plus grande que la plus grande affiche prise en compte par le barème 2015 UPP), il doit également être tenu compte du caractère unique de la reproduction litigieuse, et du fait que le tarif de l'UPP ne varie pas de façon proportionnelle en fonction de la taille de l'œuvre. Dès lors, la rémunération due pour cette affiche sera justement fixée à la somme de 4.000 €. »

- ***Quant à la chemise (plaquette) publicitaire de présentation***

Sur la chemise (plaquette) de présentation, la Cour d'appel conserve le calcul effectué en première instance pour le montant des droits éludés, soit la somme de 1131 € (808 € pour la 1ère de couverture de 323 € pour la ½ de la 4ème de couverture), et rappelle que la quantité des plaquettes imprimées n'était pas contestée par les parties appelantes.

- ***Quant aux pénalités***

Pour le panneau apposé sur le chantier, la Cour d'appel va également réduire les pénalités fixées en première instance à 25 % des droits éludés, pour les ramener à 10 % par infraction :

« Si le tribunal a appliqué une majoration de 25% au manque à gagner subi par (le photographe) pour chaque infraction commise, celle-ci sera justement ramenée à 10%.
L'indemnisation (du photographe) au titre de l'affichage publicitaire urbain sera par conséquent évaluée comme suit :
. Manque à gagner : 4.000 €
. Utilisation sans autorisation : 400 € (10 % de 4.000 €)
. Défaut de crédit photographique (atteinte au droit moral) : 400 € (10 % de 4.000 €)
. Dénaturation de la photographie (recadrage) : 400 € (10 % de 4.000 €).
Soit un total de 5.200 € »

La Cour d'appel applique une pénalité identique pour les chemises (plaquettes) de présentation, soit donc le calcul suivant :

« L'indemnisation (du photographe) au titre des plaquettes/chemises cartonnées publicitaires sera par conséquent évaluée comme suit :
. Manque à gagner : 1131 €
. Majoration pour utilisation sans autorisation : 113,10 € (10% de 1131 €)
. Majoration pour défaut de crédit photographique : 113,10 € (10 % de 1131 €)
. Majoration pour dénaturation de la photographie : 113,10 € (10 % de 1131 €),
Soit 1470,30 €
Au total, l'indemnisation des droits patrimoniaux et moraux (du photographe sur son œuvre contrefaite (sur les deux supports), majorations incluses, sera fixée à 5.200 € + 1470,30 € = 6.670,30 €.

Que retenir de cette affaire ?

Cette affaire nous montre que même une application mathématique des barèmes peut ne pas être satisfaisante, lorsque les juges se mettent à réduire à ce point les pénalités que celles-ci perdent tout caractère « dissuasif » au sens de l'arrêt que je commentais plus haut dans l'ouvrage (voir page 17).

D'une décision équilibrée, rendue en première instance, avec application mathématique des barèmes et fixation des pénalités à 25 % des droits éludés (soit moins que ce que réclamait le photographe, mais encore suffisamment pour que le total fasse œuvre de dissuasion pour les parties condamnées), on passe à une condamnation nettement inférieure :

- Tant dans son mode de calcul (notamment par le refus d'augmenter proportionnellement le montant des droits pour tenir compte de l'affichage de 60m^2)
- que par l'ajout d'une pénalité que je considère comme dérisoire (10 %).

Cela s'ajout à l'absence de condamnation sur base de l'article 700 du Code de procédure civile : dans la mesure où la victoire était, en appel, plutôt du côté des parties poursuivies (qui parviennent ainsi à réduire le montant des condamnations), aucun montant ne fut alloué sur base de l'article 700, ce qui eut au moins le mérite de ne pas aggraver encore la déception du photographe puisqu'il aurait été possible, pour la Cour, de prononcer une condamnation à charge du photographe, qui perdait à ce stade du fait de la réduction des montants alloués.

Je partage la déception du photographe et le sentiment d'inéquité que lui laisse cet arrêt, tenant compte également de la longueur de la procédure dans laquelle les parties adverses ont en outre fait feu de tout bois pour retarder la procédure (du moins en première instance, lorsque je l'assistais moi-même).

Exemple concret n°4 – Un portrait sur des produits dérivés

Les données du litige

Nombre de photographies en litige	1
Nature des photographies concernées	Portrait d'un pompier lors d'un entraînement, réalisé par un photographe spécialisé dans ce sujet.
Nature/supports des reproductions illégales	Utilisation par un site de vente en ligne d'objets en rapport avec les soldats du feu (coques de portables, t-shirts et drap de plage).
Références de la décision rendue	Deux décisions en première instance : . 1ère partie du litige (utilisations de la photo en ligne pour la promotion des produits) TJ Lyon 7/6/2022, RG 17/00065 – Ce jugement est définitif, ayant fait l'objet d'une signification et aucun appel n'ayant été interjeté – Il ne tranche qu'une partie du litige. . 2ème partie du litige (utilisations sur les supports vendus eux-mêmes) : Cette partie de la procédure est encore en cours, je ne peux donc pas m'exprimer sur ce point.
Cette décision est définitive	. OUI pour la première partie uniquement (les utilisations en ligne). . NON pour la suite : ma seconde partie n'étant pas tranchée au jour où je rédige cet ouvrage, je ne l'évoque pas dans les lignes qui suivent

Le décompte établi pour les utilisations de la photo litigieuse en ligne

Ces utilisations concernant tant la photo elle-même, intégrée par exemple dans un bandeau Facebook, que les photos des produits sur lesquels la photo figurait.

Notons que des constats d'huissier avaient été établis pour démontrer la réalité de ces utilisations.

Le décompte reproduit dès la mise en demeure adressée et jusqu'à la fin de cette phase de la procédure se présentait comme suit.

Utilisation	Montant
Utilisation de la photographie sur Site commercial	
avec vente en ligne - Fréquentation estimée à	
moins de 500.000 connexions/mois à l'adresse	
modèle tshirt Volontaire - Durée 4 ans	1 120,00 €
Majoration pour défaut d'autorisation	280,00 €
Majoration pour défaut de mention du nom	280,00 €
Majoration pour modification	280,00 €
Utilisation de la photographie sur Site commercial	
avec vente en ligne - Fréquentation estimée à	
moins de 500.000 connexions/mois à l'adresse	
Modèle t-shirt Firewall - Durée 4 ans	1 120,00 €
Majoration pour défaut d'autorisation	280,00 €
Majoration pour défaut de mention du nom	280,00 €
Majoration pour modification	280,00 €
Utilisation de la photographie sur Site commercial	
avec vente en ligne - Fréquentation estimée à	
moins de 500.000 connexions/mois à l'adresse	
Coque téléphone - Durée 4 ans	1 120,00 €
Majoration pour défaut d'autorisation	280,00 €
Majoration pour défaut de mention du nom	280,00 €
Majoration pour modification	280,00 €
Utilisation de la photographie sur Facebook	
Bandeau principal du site	
Moins de 50.000 abonnés suivant format	
Bandeau/page d'accueil	480,00 €
Majoration pour utilisation sans autorisation	120,00 €
Majoration pour défaut de mention du nom	120,00 €
Majoration pour modification	120,00 €
Visuel t-shirt sur Facebook	135,00 €
Majoration pour utilisation sans autorisation	33,75 €
Majoration pour défaut de mention du nom	33,75 €
Majoration pour modification	33,75 €
Visuel coques téléphone sur Facebook	135,00 €
Majoration pour utilisation sans autorisation	33,75 €
Majoration pour défaut de mention du nom	33,75 €
Majoration pour modification	33,75 €
Visuel drap de plage sur Facebook	135,00 €
Majoration pour utilisation sans autorisation	33,75 €
Majoration pour défaut de mention du nom	33,75 €
Majoration pour modification	33,75 €
SOUS-TOTAL	7 428,75 €

Dans le décompte initial, nous ajoutions les frais d'huissier (900 € au total), pour aboutir à un montant final de 8.328,75 € :

SOUS-TOTAL	7 428,75 €
Constats d'huissier (Pièce 6 - 2 factures)	900,00 €
TOTAL PROVISIONNEL	8 328,75 €

Vous comprendrez dans la suite de mes explications pourquoi je le retranche du décompte.

Le montant de base était calculé selon le barème UPP 2015-2016, p.28, établi pour les objets publicitaires (« *Toute utilisation sur des objets ou vêtements* »), avant d'être augmenté des majorations du fait de l'utilisation sans autorisation, de l'absence de crédit photographique et d'atteinte à l'intégrité de l'oeuvre.

J'argumentais, au sujet de ces majorations, en rappelant que certaines jurisprudences (déjà citées dans cet ouvrage) avaient admis une multiplication par trois dans une telle hypothèse (notamment TGI Paris, 13/5/2016, RG 15/02788) mais que de son côté, mon client avait appliqué 25% de majoration pour chacune de ces trois atteintes.

Y avait-il un chiffrage distinct pour un aspect spécifique du préjudice ?

Non, aucune particularité supplémentaire quant au décompte des préjudices du photographe dans ce dossier.

La décision des juges concernant les utilisations en ligne – Jugement devenu définitif

Pour cette première partie du préjudice, le Tribunal fit droit à ma demande au centime près en ce qui concerne les utilisations en ligne, au terme d'une motivation rédigée comme suit, après avoir rappelé les règles contenues dans le Code de la propriété intellectuelle et déjà exposées dans cet ouvrage.

« /…/ il ressort des deux PV de constat d'huissier de justice /…/ se rapportant respectivement à la page Facebook et au site Internet (de la société poursuivie) que cette dernière use de la photographie réalisée par (le photographe) à l'appui de visuels de communication, notamment de promotions. Est sans incidence la circonstance que (la société) aurait retiré les éléments mentionnés. L'évaluation du préjudice subi en lien avec les visuels de communication sera effectuée en se référant au barème forfaitaire admis par les usages professionnels et établi par l'Union des Photographes Professionnels, dont il résulte une somme totale de 7.428,75 € au titre de l'utilisation irrégulière de la photographie sur les modèles de tee-shirts (noms des modèles) et sur la coque apparaissant sur le site (de la société), ainsi que sur le bandeau principal, le nouveau tee-shirt, des coques de smartphones et des draps de plage apparaissant sur la page Facebook de la société /…/.
Dans ces conditions, la société /…/ sera condamnée à payer à titre provisionnel (au photographe) la somme de 7.428,75 € au titre des visuels de communication utilisés sur le site Internet et sur la page Facebook (de la société). »

Le tribunal n'a donc pas détaillé le décompte, se référant à celui-ci tel qu'il était présenté par le photographe dans chaque acte de procédure et même antérieurement, lors de la mise en demeure.

Par contre, le montant des constats d'huissier (900 € dans cette affaire) fut intégré par le Tribunal dans la somme de 4.000 € allouée au titre de l'article 700 du Code de procédure civile, au prétexte que ces constats n'avaient « pas été judiciairement ordonnés ». Ceci est étrange, rien n'exigeant, pour le remboursement de frais de constats, qu'une décision judiciaire ait été rendue à ce sujet. Mais le montant (4.000 €) alloué au titre de l'article 700 du Code de procédure civile dans ce dossier était suffisamment élevé.

Ces montants ont été payés par la société poursuivie après signification du jugement rendu. Elle n'a donc pas fait appel sur ce point, et ce jugement est devenu définitif, clôturant le premier volet de ce dossier.

Affaire à suivre

Pour le surplus, et comme évoqué plus haut, il reste un second volet du litige qui n'est pas tranché au jour où je clôture cette rédaction, et qui ne le sera pas avant de longs mois. Je n'évoque donc PAS ce second aspect, qui sera traité dans une future édition 2 de ce dossier lorsque la décision à venir sera devenue définitive, et que je disposerai par ailleurs d'autres jurisprudences enrichissant ma base de données. Cette seconde partie concerne l'utilisation de la photographie sur les produits vendus par la société poursuivie (T-shirts, coques de portables et draps de plage).

CHAPITRE 2 -
REVUE DE JURISPRUDENCE

LES DÉCISIONS RECENSÉES

Choix de présentation

Dans un premier temps, j'ai envisagé de diviser mon tableau en deux parties, selon le résultat obtenu par les photographes sollicitant l'application d'un barème. Cela étant, cette façon de faire présentait quelques désavantages puisque certaines décisions restaient difficiles à classer, notamment lorsque les juges, bien qu'admettant le principe d'un calcul mathématique, réduisaient les montants. Dans d'autres cas, les barèmes étaient invoqués non pas par les photographes mais par les parties poursuivies pour contrefaçon, dans le but d'obtenir une condamnation moins importante que les montants sollicités par les photographes.

Tout ceci rendait le classement binaire un peu complexe.

J'ai donc finalement opté pour un tableau unique, en utilisant toutefois un code visuel qui se présente comme ceci :

Références de la décision ET identification des barèmes invoqués présentées en NOIR sur fond BLANC	Je présente de cette façon toutes les décisions dans lesquelles le photographe demande l'application de barèmes, et obtient des dommages et intérêts calculés de façon mathématique. Ceci n'empêche parfois pas les juges de réduire les montants et/ou de faire précéder leurs motivations d'une clause devenue quasiment une clause de style dans laquelle ils rappellent que ces barèmes ne sont qu'indicatifs. En d'autres termes, les décisions dans lesquelles un calcul mathématique précis lié à l'importance des utilisations de la photographie est adopté par le juge seront présentées de cette façon
Références de la décision ET identification des barèmes invoqués présentées en NOIR sur fond GRIS	Je présente de cette manière : • Les décisions qui se trouvent en quelque sorte à la frontière entre l'acceptation et le rejet des barèmes : le magistrat qui se voit proposer un calcul très précis et que, tout en admettant que le barème est « *un élément d'appréciation parmi d'autres* », alloue ensuite un montant forfaitaire, avec ou sans explications sur le choix de celui-ci. • Les décisions dans lesquelles ce n'est pas le photographe mais la partie poursuivie qui invoque l'application de barèmes, lorsqu'elle y a intérêt pour tenter de diminuer les montants qui lui sont réclamés.

Références de la décision ET identification des barèmes invoqués présentées en BLANC sur fond NOIR	Je présente de cette façon toutes les décisions dans lesquelles le juge a balayé le principe de l'utilisation d'un barème, pour des motifs divers, et s'est contenté d'une évaluation forfaitaire, avec ou sans argumentation précise sur les raisons du rejet de cet outil pourtant bien pratique que constituent ces barèmes professionnels. Il peut aussi s'agir d'affaires dans lesquelles les barèmes sont en réalité invoqués par la partie poursuivie pour tenter de diminuer les montants réclamés, mais sont écartés par les juges.

Dans la première colonne du tableau j'indiquerai les références précises de la décision, ainsi que le barème invoqué par l'une des parties (UPP, SAIF, ADAGP, etc.). Lorsqu'il s'agit des barèmes de l'UPP, je l'indique sous cette appellation, sans préciser à chaque occurrence que cette organisation a changé de nom et s'appelait jadis « UPC ». Ne vous étonnez donc pas, dans les attendus reproduits, de trouver parfois l'ancien nom en vigueur au moment où la décision a été rendue.

Je ne reprends pas systématiquement le détail des chiffres demandés et alloués. Je ne m'y attarde que lorsque la précision présente un intérêt. Par contre, je reproduis ou résume l'argumentation au terme de laquelle les juges acceptent – au moins en partie – de se baser sur le barème invoqué pour calculer l'indemnisation ou, au contraire, les motivations qui leur font écarter ces barèmes. Du moins quand cette motivation existe, ce qui n'est pas toujours le cas...

Enfin, si vous avez suivi les évolutions législatives ces dernières années, vous savez que les litiges relatifs au droit d'auteur sont, depuis 2009, de la compétence exclusive de certains tribunaux judiciaires, au nombre de 10 pour tout le territoire français (métropole et territoires d'outre-mer). Je vous renvoie à ce sujet vers l'article publié à l'époque sur mon blog à l'adresse https://blog.droit-et-photographie.com/vers-une-specialisation-des-juges/.

Ceci n'a toutefois pas toujours été le cas, de telle sorte que vous trouverez dans cette revue de jurisprudence des décisions rendues par des juridictions qui ne figurent pas dans la liste de celles qui sont désormais exclusivement compétentes. Ceci n'enlève rien à l'utilité de ces jugements ou arrêts, dont vous pouvez parfaitement vous servir pour étayer votre argumentation. Ne vous étonnez pas, non plus, de voir figurer pour les mêmes raisons dans mon tableau quelques juridictions administratives ou commerciales qui, aujourd'hui, ne pourraient plus être saisies pour des litiges de cette nature.

Les décisions sont présentées dans l'ordre chronologique.

Revue de jurisprudence

Entrons à présent dans cette revue de jurisprudence.

Date et références de la décision Identification du barème invoqué par le photographe	Présentation du litige et détail de la décision rendue.
15/9/1992 (CA Reims) – Cour d'appel de renvoi après cassation partielle d'un premier arrêt de la CA de Versailles. RG non mentionné sur ma copie, Aff. Leprêtre et de Neve c/ Bovida Barème invoqué : UPP	La Cour d'appel écarta l'application des barèmes, en estimant qu'ils ne « liaient pas » la société poursuivie pour contrefaçon. Elle se basa sur un tarif antérieurement réclamé par le photographe pour faire un calcul des droits dus pour les utilisations reprochées, sans accorder de majoration du fait d'une utilisation au Canada.
22/10/1992 (CA Paris, RG 90/15956) **Barème invoqué** : UPP	*« Considérant que le tarif de l'UPC n'est qu'un élément d'appréciation, en tant qu'il éclaire sur les prix pratiqués habituellement, sans le faire d'ailleurs d'une façon aussi précise que des relevés de marchés ;* *Qu'un tel document ne saurait en aucun cas être obligatoire pour le juge chargé d'apprécier le préjudice subi par une partie, au regard de tous les éléments de fait qui influent sur son importance ;* *Que dans ces limites, un tel document constitue une indication précieuse à laquelle on ne saurait reprocher au Tribunal de s'être référé ;*

	/…/ Que le dossier comprend d'autres tarifs professionnels rendant compte des pratiques suivies en la matière, et que l'ensemble de ces documents contribuera utilement à éclairer la cour sur l'évaluation du préjudice. »
25/6/1996 (TGI Besançon, RG 2771/04) **Barème invoqué** : UPP	Dans cette affaire, un photographe et l'UPP (alors « UPC ») assignaient ensemble un éditeur qui avait outrepassé les termes d'une cession de droits. *Le TGI admit les barèmes de façon mathématique, dans les termes suivants :* *« Se fondant sur (l'art. L131-4 du CPI), le demandeur a établi sa demande sur la base des barèmes indicatifs établis par l'UPC et définis comme « un droit minimum garanti jusqu'à 100.000 exemplaires vendus », en fonction des conditions de cessions de droits d'auteur couramment pratiquées dans la profession, ces barèmes précisant que « dans le cas de prises de vue commandées, le montant des frais techniques, de déplacement, de séjour etc. » sont à charge de l'utilisateur.* *La défenderesse se borne à contester ce montant en affirmant qu'il est excessif mais ne produit aux débats aucun document susceptible d'établir la réalité de la pratique de tarifs inférieurs, notamment en ce qui concerne les autres professionnels ayant été amenés à lui fournir des clichés destinés à des ouvrages de même catégorie (livres illustrés) au cours des périodes concernées ou à des dates avoisinantes.* *Justifiées dans leur principal, les demandes formées par /…/ en conformité avec les barèmes susvisés et du Code des Usages en matière d'illustration photographique alors en vigueur tant au titre des éditions françaises qu'au titre des éditions en langues étrangères, le sont également dans leur montant. »*
17/9/1998 (CA Paris, RG 96/14736) **Outil invoqué** : Code des Usages en matière d'illustration photographique	*« Considérant que si, comme le reconnaît (le plaignant) les stipulations du Code des Usages en matière d'illustration photographique en cas de détérioration ou de perte des documents n'ont qu'une valeur indicative, elles constituent néanmoins un élément de fait utile à l'appréciation de la réparation qu'est en droit d'obtenir le photographe, dont les films originaux ont été égarés ; Qu'à cet égard, il doit être observé que dans sa rédaction antérieure à celle du 5 mai 1993, l'article 261 qualifiait de « documents originaux » les négatifs, ce qui ne parait pas avoir été modifié par le nouveau texte. »*
5/11/1998 (CA Versailles, RG 1995-9882)	Dans cette affaire concernant une reproduction d'une photo de La Callas sans l'autorisation du photographe, celui-ci demandait devant la Cour d'appel :

Barème invoqué : UPP	. 48.000 FF pour les atteintes à ses droits patrimoniaux (la procédure avait été lancée en 1995 pour une photo utilisée en 1993 sans son accord) . 50.000 FF pour les atteintes à ses droits moraux En première instance il avait reçu 70.000 FF pour tous les préjudices confondus. Il semble que ce soit la société poursuivie qui invoque elle-même les barèmes de l'UPC, car le montant évoqué ci-dessous dans la motivation de l'arrêt correspond à celui que cette société voulait imposer comme indemnisation maximale (4.000 FF). La Cour d'appel va trancher dans les termes suivants : *« Considérant que si (le photographe) avait consenti en 1993 à la reproduction sur le territoire européen de cette photographie sur la base des barèmes de l'Union des Photographes Créateurs, il n'aurait pu percevoir dans l'hypothèse d'une diffusion de 5.000 exemplaires qu'une somme de 4.000FF et dans celle d'une diffusion n'excédant pas 10.000 exemplaires, une somme de 6.000 FF ;* *Considérant néanmoins qu'il convient de prendre en compte le caractère fautif d'une reproduction sans autorisation, ainsi que le fait que la société (poursuivie) n'a pas fait parvenir les justificatifs de l'utilisation qu'elle a faite de cette photo, que cela a causé un préjudice patrimonial (au photographe), que la Cour, au vu des éléments dont elle dispose, évalue, en son entier, à la somme de 20.000 FF ».* **Observation** : Dans cette affaire, c'est donc la partie poursuivie qui invoque, semble-t-il, les barèmes de l'UPC pour réduire les demandes du photographe. La Cour admet l'application mais multiplie, malgré tout, les montants auxquels aboutissent ces barèmes (sur une base de 4.000 FF OU de 6.000 FF) pour arriver à une somme forfaitaire de 20.000 FF, tous préjudices confondus, donc en y incluant les atteintes aux droits moraux.
23/3/2000 (CA Montpellier, RG 99/0001728) **Barème invoqué :** UPP	Un photographe et son client attaquaient un concurrent du client qui avait repris une série de photographies (packshot de produits) dans un catalogue. En degré d'appel, la Cour d'appel de Montpellier rejette l'application des barèmes, mais essentiellement pour la raison que le photographe, qui les invoquait, avait préalablement fait une cession complète de ses droits au profit de son client, ce qui l'empêchait d'en revendiquer lui-même la contrefaçon. **Observation** :

	Ceci revient, indirectement, à refuser la demande d'indemnisation du préjudice moral au photographe au prétexte que tous les droits sur les photos litigieuses avaient été cédées au préalable au client n°1, également demandeur à la procédure. Cette décision est hautement critiquable dans la mesure où les droits moraux ne sont pas cessibles, et étaient dès lors toujours détenus par le photographe.
4/10/2001 (TGI Lyon, RG 1998/10715) **Barème invoqué** : UPP	Dans ce dossier, le tribunal n'exclut pas dans son principe l'application des barèmes, mais reproche au demandeur de n'avoir pas explicité suffisamment son mode de calcul, ce qui l'amène à n'octroyer qu'un montant forfaitaire à défaut de précisions suffisantes. **Observation** : Cette affaire montre à nouveau l'importance du rôle joué par le photographe dans la formulation de sa demande, et l'indispensable explication précise, mathématique et argumentée qui doit accompagner la demande d'application des barèmes.
22/5/2002 (CA Paris, RG 2001/07052) **Barème invoqué** : Code des usages en matière d'illustration photographique	Un éditeur étranger invoquait le Code des Usages pour justifier de la légalité d'une réédition qui n'avait pas été prévue. *« /.../ considérant que le Code des usages en matière d'illustrations photographiques n'a pas de caractère impératif ; Que surtout, le bordereau-contrat du 23 décembre 1996 prévoit la cession des droits de reproduction pour la première édition de l'ouvrage sans que soit prévue de rémunération en cas d'édition ultérieure, de telle sorte que la société (suisse) ne pouvait, sans outrepasser les droits cédés, procéder à une réédition ;* *Que les premiers juges ont donc à juste titre, relevant que (l'éditeur suisse) n'avait pas informé (la société du photographe) de la réédition de l'ouvrage, fait droit à sa demande en lui allouant une indemnité calculée sur le tarif pratiqué lors de la première édition soit 35.000 FF (HT) ; »* **Observation** : Le barème était donc invoqué par la partie POURSUIVIE pour contrefaçon, et non par l'auteur lui-même. Ici, le barème fut écarté.
23/10/2003 (TGI Marseille, RG 01/05161) **Barème invoqué** : UPP	Dans une affaire relative à la reproduction de photos sur des tissus, le TGI de Marseille, après avoir toutefois réduit l'importance du préjudice (la durée de la contrefaçon pour certaines photos), va appliquer le barème de façon mathématique pour les utilisations dont la preuve était rapportée (nombre de photos utilisées sur la page d'accueil d'un site pendant la durée retenue x prix par photo au centime près = total alloué).

12/11/2003 (TGI Paris, RG 02/00793) **Barème invoqué** : UPP	Après avoir retenu l'originalité de photos représentant des œuvres d'art (en l'espèce les tableaux de Dali), ce qui n'était déjà pas gagné d'avance, le TGI de Paris dut apprécier le préjudice lié à leur reproduction sans autorisation. Le photographe invoquait les barèmes de l'UPP, mais ceux-ci furent écartés sur base de l'argumentation suivante : *« Attendu que les tarifs de l'UPC produits par les demandeurs pour l'année 2000 ne sont qu'indicatifs du prix des droits d'auteur librement négociés, ce qui n'est pas le cas en l'espèce. »* Le TGI a alloué une somme forfaitaire sans préciser le mode de calcul, et donc sans se baser sur les barèmes invoqués. **Observation** : Ceci revient donc à rejeter l'application des barèmes au motif (ou prétexte) que ceux-ci ne pourraient servir de base qu'à une cession librement négociée, ce qui par définition n'est pas le cas lorsqu'une contrefaçon est constatée.
6/10/2004 (CA Paris, RG 03/10119) **Barème invoqué** : UPP	Pour l'utilisation illégale de 32 photographies dans un catalogue d'exposition, la Cour d'appel va relever : *« Que, compte tenu du tirage à 5000 exemplaires du catalogue /…/ et en prenant pour référence le barème de l'UPC, l'octroi d'une indemnité de 10.000 € à titre de dommages et intérêts réparera intégralement le préjudice subi par (le titulaire des droits) du fait de l'atteinte portée à son droit patrimonial. »*
31/5/2005 (TGI Paris, RG 02/16065) **Barème invoqué** : UPP/SAIF/ADAGP	Dans un litige relatif à des photographies de plateau, l'héritière d'un photographe sollicitait d'importants montants suite à une utilisation abusive. Il semble (bien que cela ne soit pas précisé) que la société poursuivie avait elle-même fait référence aux différents barèmes (UPP, ADAGP, SAIF), mais ceux-ci ont tous été écartés par le tribunal, allouant un montant de 4.000 € pour le préjudice patrimonial (l'héritière en demandait 20.000 €), « *sans nécessité de se référer aux barèmes de l'UPP, de l'ADAGP ou encore de la SAIF établis à titre indicatif et dépourvus de valeur dès lors qu'aucune autorisation n'a été sollicitée préalablement à la reproduction des photographies.* » **Observation** : Voici donc une nouvelle décision dans laquelle un magistrat écarte les barèmes au prétexte qu'ils ne s'appliqueraient pas précisément à défaut d'autorisation préalable. En ce qui concerne les montants alloués, c'était sans doute une bonne nouvelle pour le photographe qui avait chiffré ses préjudices autrement, mais comme je le

	relève en commentaire d'autres décisions, cette décision est à manier avec prudence…
27/4/2006 (TGI Paris, RG 04/17318) **Barème invoqué :** UPP	Deux photographes sous-marins réclamaient à France Télévisions de très importants montants (plusieurs centaines de milliers d'euros) pour la multi-diffusion non autorisée de certaines de leurs photos, souvent sans mention de leur nom. Ils se basaient sur le barème de l'UPP pour établir le décompte précis. Ce barème fut toutefois écarté : *« Le tribunal estime que ce barème n'a de valeur qu'à titre indicatif ».* Il attribue un montant forfaitaire de 50.000 € pour l'ensemble des atteintes aux droits patrimoniaux, sur une base assez floue : le nombre de passage à la TV des photos en litige est bien précisé, mais par contre le détail du montant n'est pas indiqué, et est attribuée sans le moindre calcul précis.
5/5/2006 (CA Paris, RG 04/17870) **Barème invoqué par la partie poursuivie** : Code des usages en matière d'illustration photographique	Cette affaire était un peu particulière : un photographe poursuivait un contrefacteur à qui il reprochait d'avoir réédité un ouvrage sans son accord. L'éditeur poursuivi invoquait lui-même le Code des Usages en Matière d'illustration, pour démontrer son droit de réédition. La Cour d'appel a rejeté cet argument, estimant que ce Code n'était pas opposable au photographe, puisque les parties ne s'y étaient pas explicitement référées. *« Considérant qu'en l'espèce, s'il résulte de l'écrit (de 1996) que (le photographe) a donné son accord pour la reproduction de 52 photographies dans la première édition de (l'ouvrage) pour une somme forfaitaire de 21 571,20 francs, aucun élément ne permet d'affirmer, contrairement à ce que soutient (l'éditeur), qu'il aurait donné son accord pour une réédition contenant mise à jour ; qu'il est constant que l'édition litigieuse n'est pas une simple réédition de l'ouvrage de 1996 en raison de son épuisement mais d'un remaniement par l'augmentation du texte et du nombre de pages et par l'introduction de nouvelles photographies ;* *Considérant qu'en outre, le code des usages en matière d'illustration photographique ne peut être opposé (au photographe) dès lors qu'il n'est établi par aucun document qu'il en aurait eu connaissance et qu'il aurait accepté l'application de ce code à ses relations avec l'éditeur ; Considérant dès lors qu'il n'est pas prouvé que (le photographe) aurait donné son accord à la réédition de l'œuvre publiée en 1996, (l'éditeur) s'est rendu coupable de contrefaçon et a porté atteinte aux droits patrimoniaux de l'auteur ; »*

16/11/2006 (TGI Toulouse, RG 04/02883) **Barème invoqué** : UPP	Un photographe attaquait une société qui avait utilisé plusieurs de ses photos dans un catalogue, sur un site Internet ainsi que dans des articles publi-rédactionnels, et ce en violation du contrat qui avait été signé entre eux. Il réclamait différents montants très précis, et expliquait qu'en raison de la mauvaise foi de son adversaire, il était « en droit de réclamer des dommages et intérêts égaux au double du barème de l'UPP ». Le tribunal accepta de prendre en considération les barèmes pour certaines des photos, mais au terme d'un calcul qu'il modifie par rapport aux demandes initiales : *« Le préjudice patrimonial peut être calculé en appliquant le barème de l'UPP qui constitue un usage de la profession :* - *Première insertion :* *. 756 € HT pour une photographie pleine page* *. 557 € HT pour une photographie éditée en ½ page ou inférieur* *. 386 € HT pour une photo éditée en ¼ de page ou inférieur.* - *Deuxième insertion : réduction de 50 %* *En application de ce barème, (le photographe) aurait dû percevoir 3.848 € HT. »* **Observation** : Le tribunal refusa donc d'appliquer la moindre majoration de ces montants du fait de la contrefaçon.
15/2/2007 (CA Versailles, RG 05/09656) **Barème invoqué** : UPP	La Cour confirme un jugement qui avait accordé certains montants en prenant en considération « *à titre purement indicatif, les tarifs publicitaires de ces revues ainsi que ceux de l'UPC* ». **Observation** : *« À titre purement indicatif » !* Mais les barèmes sont appliqués malgré tout !
26/9/2007 (CA Paris, RG 06/12083) **Barème invoqué** : UPP	Dans cette affaire, l'application du barème fut rejetée, mais essentiellement parce que le plaignant ne se livrait pas à un calcul précis, en se contentant d'invoquer le total qu'il réclamait sans détailler comment il parvenait à ce total. « *Qu'en l'espèce, force est de constater que l'appelant se borne à affirmer que la lésion, par lui invoquée, est donc scandaleusement manifeste et se contente de mentionner /…/ une série de montants pour les 19 campagnes publicitaires qu'il met en cause, sur la base du barème de l'UPC, sans donner aucune précision sur ce chiffrage, ni même prendre le soin d'établir la moindre correspondance entre le montant de la rémunération forfaitaire perçue pour chacune des photographies litigieuses et la campagne concernée, de sorte qu'il a mis*

	la Cour dans l'incapacité d'apprécier la réalité de la lésion des 7/12èmes par lui alléguée. » **Observation** : Cet arrêt est conforme aux règles de droit : c'est au demandeur à une action qu'il appartient de prouver, notamment, le montant de son préjudice. Ce défaut de preuve semble ici d'autant plus dommage que la Cour ne semblait pas opposée à faire application du barème, mais relève qu'aucun calcul précis ne lui est fourni, pas plus qu'une comparaison entre ce que le photographe avait perçu de façon forfaitaire, campagne de pub par campagne de pub, et ce qu'il estimait lui être dû. Une carence fatale, en l'occurrence, qui amena à un débouté de ce chef de demande.
24/10/2007 (CA Paris, RG 06/14491) **Barème invoqué** : UPP	*« Considérant qu'il résulte des éléments non contestables versés aux débats que le nombre total de reproductions effectuées au mépris des droits de l'auteur, dans le cours d'une campagne publicitaire de grande ampleur limitée dans le temps mais couvrant la période judicieusement choisie du Salon du Prêt-à-porter, s'élève à 596 affiches de format 4x3 mètres, 120 affiches pour kiosques de format 1,20 x 1,74 mètres, de trois publications dans la presse à raison de 139 650, 126 200 et 17367 exemplaires, de 4 x 150 PLV avec la mention "Vu dans ELLE" ;* *Considérant qu'il doit être rappelé que le barème de l'UPC, auquel faire référence (le photographe) ne saurait lier la Cour et ne constitue qu'un élément d'appréciation, parmi d'autres, du préjudice subi ;* *Qu'eu égard à la masse contrefaisante et au manque à gagner de l'auteur, la Cour dispose d'éléments d'appréciation suffisants pour fixer à 25.000 € son préjudice patrimonial ;* *Qu'eu égard aux circonstances de la cause, l'atteinte au droit moral de l'auteur sera justement réparée par l'allocation d'une somme de 15.000 € »* **Observation** : Dans cette affaire, les montants sollicités par le photographe étaient moins élevés en première instance (12.000 € pour les droits patrimoniaux et 8.000 pour les droits moraux). Le photographe réclamait en appel 64.615,68 € au terme de son calcul pour les droits patrimoniaux et 60.000 € pour les droits moraux
4/12/2007 (CA Toulouse, RG 06/04182	Un photographe attaquait un éditeur pour l'utilisation faite par ce dernier de différentes photographies de rugby dans un ouvrage destiné aux formateurs sportifs exerçant cette discipline. Au moment de chiffrer son préjudice, le photographe invoquait le barème de l'UPC. L'éditeur de son côté

Barème invoqué : UPP	soutenait que ce barème n'était applicable qu'aux « *œuvres de création ou de commande* » et « *qu'il fallait plutôt, pour des photos fort banales, appliquer les tarifs pratiqués par la presse régionale (Sud Ouest, L'Equipe, Midi Olympique).* » La Cour d'appel écarta l'application des barèmes, mais pour d'autres motifs que ceux invoqués par l'éditeur : « */…/ que le chiffrage qu'il propose est basé sur les barèmes pratiqués l'UPC et que cette organisation syndicale, contrairement à ce que voudrait faire croire l'éditeur, n'est pas réservée aux seuls photographes d'œuvres conceptuelles et abstraites ;* *Qu'il n'en demeure pas moins vrai que le barème proposé est excessif s'agissant de clichés sportifs sans originalité, très semblables à ceux que l'on trouve habituellement dans la presse spécialisée.* » **Observation :** Voici une argumentation étonnante ! Si une photo est « sans originalité », elle ne doit pas – selon la jurisprudence constante – être protégée. Dans cet arrêt pourtant, la Cour va constater la contrefaçon et retenir une indemnisation, en confirmant le premier jugement (« *en deça du barème invoqué par l'intimé et au-delà des propositions faites par l'appelant* »). Nous sommes loin des critères rigoureux posés par le Code de la Propriété intellectuelle qui autorise certes une indemnisation forfaitaire (à la demande du plaignant seulement !), mais oblige malgré tout le magistrat à avoir égard aux éléments du préjudice. C'est ce que l'on nomme parfois une jurisprudence « *au doigt mouillé* ».
20/12/2007 (CA Paris, RG 05/24556) **Barème invoqué** : UPP	Dans une affaire où un photographe invoquait les barèmes UPC, la Cour d'Appel de Paris rejeta cette base de calcul pour les deux raisons suivantes : . d'une part, le photographe ne démontrait pas qu'il avait coutume de les appliquer dans les relations avec les autres annonceurs; . d'autre part, et surtout, il avait lui-même reconnu que ces barèmes n'étaient transmis, dans les pourparlers préliminaires, qu'à titre indicatif, en se référant à l'accord contraire intervenu entre parties. La Cour estima donc qu'il ne pouvait plus invoquer les barèmes indicatifs qu'il avait volontairement écartés au préalable. **Observation** : Ceci démontre l'utilité qu'il peut y avoir à faire figurer dès votre devis ou à tout le moins votre note d'auteur – ainsi que, pourquoi pas, sur votre papier à en-tête -, une

	référence explicite aux barèmes en question si vous entendez par la suite vous en prévaloir. Cela n'est bien sûr pas une obligation, et certaines décisions les appliqueront même à défaut d'une telle mention, mais il est évident que les écarter expressément pendant la phase de négociation n'aide pas le photographe qui veut ensuite s'en prévaloir.
30/5/2008 (TGI Paris, RG 06/10519) **Barème invoqué :** UPP Victoire en ½ teinte	Dans une affaire relative à un portrait utilisé en 4ème de couverture d'un livre, le TGI va tenir compte des barèmes mais sans détailler son mode de calcul, pour octroyer une indemnisation de 10.000 € au terme de la motivation suivante : *« Que (la photographe) verse par ailleurs aux débats les barèmes indicatifs des cessions de droits d'auteur pour les photographies préexistantes de l'année 2004 établis par l'UPC en matière d'édition, de publicité et de multimedia ;* *Que le Tribunal trouve ainsi en la cause les éléments suffisants pour allouer (à la photographe) la somme de 10.000 € à titre de dommages-intérêts en réparation de l'atteinte portée à ses droits patrimoniaux d'auteur, sans qu'il soit besoin d'ordonner la production des informations relatives au tirage des ouvrages et autres supports écrits incriminés. »*
20/6/2008 (TGI Paris, RG 05/14797) **Barème invoqué** : UPP Victoire en ½ teinte	*« Attendu qu'il résulte des éléments ci-dessus développés que les atteintes portées aux droits patrimoniaux des (demandeurs) sont constituées par 257 utilisations sans autorisation de leurs photographies dans les documents sus-visés, et 222 photographies non créditées ;* *Que (la partie poursuivie) conteste l'application du barème UPC de l'année 2004 en application duquel les demandeurs ont déterminé leur préjudice.* *Mais attendu que si ce barème n'a qu'une valeur indicative, en l'espèce le Tribunal dispose des éléments suffisants s'agissant d'utilisations illicites commises dans les conditions sus-indiquées et d'un mode de rémunération indemnitaire pour allouer (aux demandeurs) la somme de 77.100 € de dommages-intérêts au titre des diverses reproductions réalisées sans autorisation de leurs photographies ;* *Attendu que les atteintes portées au droit moral des auteurs de par l'absence d'indication de leur nom sur les 222 reproductions illicites seront réparées par l'octroi de la somme de 33.300 € à titre de dommages-intérêts. »* **Observations :** Comme le tribunal ne détaille (de nouveau) pas son calcul, tout en reconnaissant « *une valeur indicative* » au barème, je crois utile de comparer les montants alloués à ceux qui étaient demandés par les photographes/demandeurs, à savoir :

	. 264 268,60 € pour les atteintes aux droits patrimoniaux . 94 457,30 € pour les atteintes aux droit moraux (un montant aussi précis indique sans doute que les photographes avaient, dans leurs conclusions, lié directement ce calcul à l'importance des contrefaçons reconnues). La réduction est donc sévère, et il est regrettable que les magistrats, dans des cas comme celui-là, ne détaillent pas leur calcul malgré l'obligation contenue dans le CPI.
25/6/2008 (CA Paris, RG 07/08841) **Barème invoqué** : UPP Victoire en ½ teinte	« *Considérant que pour chiffrer son préjudice, l'appelant verse aux débats les barèmes indicatifs des cessions de droits d'auteur pour les photographies préexistantes, établis par l'UPC.* *Mais considérant que ces barèmes ne sauraient recevoir purement et simplement application et qu'ils ne peuvent être regardés que comme un élément de nature à permettre une juste appréciation du préjudice de l'appelant ;* *Que la détermination du préjudice commande également de tenir compte de la circonstance selon laquelle (le plaignant) n'a pas été à même de négocier le montant de ses droits* ». **Observation :** Dans cette affaire, le photographe avait interjeté appel pour obtenir une augmentation des dommages et intérêts qui lui avaient été alloués en première instance (6.100 €). Il sollicitait, sur base des barèmes UPC, une somme de 200.000 € pour l'utilisation dans une campagne publicitaire de la photo d'un véhicule (dont l'originalité n'était plus contestée). La Cour a finalement octroyé 40.000 €, soit donc nettement moins que ce à quoi le barème aboutissait, tout en reconnaissant qu'il s'agissait d'un élément d'appréciation mais sans (à nouveau) détailler le calcul retenu (à supposer même que les juges se soient livrés à un calcul quelconque).
8/1/2009 (CA Aix-en-Provence, RG 07/15276) Barème invoqué : UPP	Dans cette affaire, **la juridiction applique mathématiquement le calcul effectué par le photographe** et déjà admis en première instance. « *Le préjudice matériel de ce dernier (126 € par photographie pour les 53 litigieuses, soit la somme de 6678 €) est justifié par les barèmes indicatifs pour 2004 de l'UPC. Le préjudice moral (2000 €) existe du fait que le nom de l'intéressé n'a pas été reproduit sur les photographies /…/. Le jugement sera donc également confirmé pour avoir alloué 8.678 € (au demandeur).* »

30/1/2009 (CA Paris, RG 07/09437) **<u>Barème invoqué par l'une des parties poursuivies</u>** : ADAGP	Cette affaire concernait une contrefaçon par plagiat. Ce plagiat ayant été reconnu, la société poursuivie et le photographe ayant signé la photographie contrefaisante furent condamnés à payer une indemnisation calculée sur base d'un décompte précis établi par la Cour d'appel Les défendeurs demandaient eux-mêmes l'application du barème de l'ADAGP, sachant que l'ADAGP était précisément demanderesse dans le litige, de même que la veuve du photographe auteur de la photo d'origine. L'ADAGP réclamait une indemnisation de 55.000 € au total pour les atteintes aux droits patrimoniaux. La Cour d'appel lui alloua une somme de 28.000 € au total (20.000 € pour l'utilisation sur les affiches et 8.000 € pour l'utilisation sur les jaquettes de CD et cassettes audio) pour l'ensemble des reproductions illégales et écarta la demande d'application du barème ADAGP formulée par l'une des parties poursuivies, « *dès lors (que les défendeurs) n'ont pas sollicité l'autorisation* » de l'ADAGP en amont. **<u>Observation</u>** Voici un nouvel exemple dans lequel la partie poursuivie essaie elle-même de faire appliquer le barème de l'ADAGP, cette demande étant refusée parce qu'elle n'a pas sollicité l'autorisation en amont.
24/2/2009 (CA Rennes, RG 07/06546) **<u>Barèmes invoqués</u>** : UPP (demandeur) GNPP (défendeur)	« *La demanderesse demande à la Cour de condamner (la défenderesse) à lui payer la somme de 23.250 € au titre de ses droits d'auteur, au vu du barème préconisé par l'UPC, outre 10.000 € pour défaut de crédit photographe. (La défenderesse) conteste l'application de ce barème qui n'a pas force de loi et invoque, à titre indicatif, le tarif proposé par le GNPP.* *<u>Toutefois, ces barèmes ne sauraient recevoir purement et simplement application et ne peuvent être regardés que comme des éléments de nature à permettre une juste appréciation du préjudice subi /…/</u>* ». (La Cour alloua dans cette affaire une somme de 12.000 €). **<u>Observation</u>** : Étonnante affaire, où les parties invoquent donc chacune un barème différent (celui de l'UPP pour la demanderesse, celui du GNPP pour la défenderesse). Ceci n'est pas fréquent…
25/3/2009 (TGI Paris, RG 05/10061) **<u>Barème invoqué</u>** : UPP	« *Il est constant que l'indemnisation d'un préjudice ne saurait s'apprécier par l'application de barèmes établis par une organisation de professionnels ;* *<u>Que les prix qui y figurent sont un élément pris en compte par le tribunal au même titre que les prix figurant dans les contrats produits par les parties et portant sur l'exploitation de clichés en matière de promotion cinématographique</u>.*

	Compte tenu de l'importance de l'exploitation des clichés (du photographe) qui s'est chiffrée à plusieurs millions d'exemplaires, mais aussi du caractère accessoire des clichés en cause dans le succès du film « Les Choristes », des prix habituellement pratiqués par le demandeur, le tribunal considère que le préjudice subi par lui, tous chefs confondus, sera justement indemnisé par l'allocation des sommes suivantes : *. 8.000 € au titre des matériels promotionnels* *. 30.000 € au titre de la commercialisation des DVD* *. 8.000 € au titre de l'édition du livre « Les Choristes »* *. 6.000 € au titre des journaux* *. 18.000 € au titre du site Internet.* » **<u>Observation</u>** : Si le tribunal a bien ventilé les montants qui peuvent paraître important, il faut toutefois relever que le photographe, de son côté, divisait ses demandes selon les sociétés concernées (plusieurs étaient assignées), et demandait : . Une somme de 2.494.278,50 € pour les préjudices patrimoniaux à deux sociétés de distribution . Une somme de 468.297,83 € contre Warner Music . Une somme de 143.000 € contre l'éditeur du livre consacré au film
30/4/2009 (TGI Paris, RG 09/01835) **<u>Barèmes invoqués</u>** . Code des usages en matière d'illustration photographique . Barème de la Fédération Nationale des Agences de presse Photos et Information (FNAPPI)	Dans cette affaire, une photographe portraitiste représentée par une agence reprochait à un éditeur la parution de différentes photographies sans autorisation (pour la plupart) et sans son nom (pour les 7 photos en litige). La société poursuivie invoquait elle-même l'application du « Code des usages en matière d'illustration photographique » ainsi qu'un barème établi par la FNAPPI (Fédération Nationale des Agences de Presse Photos & Informations). Le tribunal relève toutefois qu'il ne s'agit que *« d'éléments d'appréciation du préjudice » et que dès lors, « ils ne s'imposent pas au tribunal dans la mesure où aucun élément du dossier ne permet de dire que les parties ont entendu s'y référer ».* **<u>Observation</u>** : Je n'ai pas trouvé d'autre trace de ce « barème » qui aurait été établi par la FNAPPI dans la jurisprudence. Mais quel que soit le document invoqué, le tribunal a écarté les outils de calcul invoqués par la partie poursuivie, et ce essentiellement parce qu'ils n'ont pas été intégrés dans le lien contractuel entre les parties en amont, avant la survenance du litige.

26/3/2010 (CA Paris, RG 09/01356) **Barème invoqué** : UPP	L'auteur détaillait son préjudice (ouvrage tiré à 3000 exemplaires, clichés à 1/8ème de page, 120 euros/cliché) ce qui aboutissait à une somme de 14.040€. La Cour n'écarte pas le barème, mais prend en compte *« le caractère limité de la diffusion de l'ouvrage et le fait que les reproductions en cause n'occupent souvent qu'une place plus restreinte que le texte »* pour réduire à une somme forfaitaire de 8.000 €
21/9/2010 (CA Rennes, RG 08/01057) **Barème invoqué** : ADAGP	Une illustratrice reprochait à une société d'avoir utilisé sans son accord un dessin représentant un trimaran sur des boîtes de biscuits et d'autres supports. Elle fondait ses décomptes sur le barème de l'ADAGP. La Cour d'appel a toutefois refusé d'appliquer ce barème : « *L'appelante fonde ses réclamations sur un tarif de prestations émanant de l'association des auteurs dans les arts graphiques et plastiques (ADAGP), mais rien ne démontre que les recommandations de cette association constituent un barème de prix auquel il serait usuellement fait référence afin de fixer la redevance due à l'auteur d'un logotype ou d'un dessin publicitaire.* » **Observation** : Ceci montre l'utilité de faire vous-même référence, dans la fixation de vos tarifs ET dans vos documents contractuels, à un barème concernant votre activité professionnelle.
10/10/2008 (TGI Paris, RG 06/05822) **Barème invoqué** : Association nationale des journalistes reporters UPP	Dans cette affaire, un photographe reprochait à un éditeur d'avoir publié certaines de ses photos en dehors des limites de la cession intervenue. Il invoquait lui-même le barème de l'UPP, qui fut toutefois écarté : *« Après avoir observé, d'une part, que les tarifs de l'Association nationale des journalistes reporters dont se réclame (le photographe), de même que les barèmes de l'UPC n'ont qu'une valeur indicative, d'autre part, que (le photographe) n'apporte pas d'éléments sur la rémunération que lui procurent habituellement les clichés dont il est l'auteur, il importe, en considération du nombre de photographies concernées, d'allouer à titre indemnitaire la somme de 10.000 € en réparation du préjudice patrimonial résultant incontestablement des atteintes illicites commises par (la société poursuivie). »* **Observation** : Ce jugement montre encore l'importance pour le photographe de pouvoir invoquer ses propres tarifs, en démontrant qu'il a coutume de les appliquer à ses clients.

22/10/2010 (TGI Paris, référés, RG 10/58565) **Barème invoqué** : UPP	Il s'agissait d'un litige entre un cabinet d'architecture et un ancien employé. Ce dernier reprochait à l'architecte, son ex-employeur, d'avoir utilisé plusieurs de ses photos notamment sur Internet. L'ancien employé se basait sur les barèmes de l'UPP, que l'architecte disait ne pas connaître. Le tribunal estima : *« (L'ancien employé) verse aux débats les barèmes de l'UPC de 2009 qui certes ont une valeur indicative, mais qui constituent des renseignements soumis à la contradiction des parties, sans que la société défenderesse puisse utilement prétendre 'ne pas les connaître' »* **Observation** : Il s'agit de la décision que je citais plus haut dans l'ouvrage, pour répondre à l'une des objections fréquentes des parties poursuivies qui se plaignent de ne pas même connaître les barèmes invoqués, lesquels ne sont par ailleurs qu'indicatifs.
4/1/2011 (CA Paris, RG 09/08739) **Barème invoqué** : UPP	Un journaliste assignait son ancien employeur pour l'utilisation non autorisée de multiples photographies, après la fin du contrat de travail. Un rapport d'expert avait, sur base des barèmes UPC, chiffré le préjudice à la somme de 1.746.845 € en application stricte du barème. La Cour d'appel va balayer ce mode de calcul en estimant : *« Le barème UPC de l'Union des Photographes Créateurs ne peut être opposé à la (défenderesse) qui n'en est pas membre »*. **Observation :** : Ceci revient donc à exiger, pour que le barème – certes indicatif, mais dont personne ne soutient qu'il constituerait un contrat – que le contrefacteur soit lui-même membre de l'UPC pour que le barème puisse être appliqué. Il y a là une pétition de principe qui constitue un raccourci un peu rapide. Il est en effet évident que les contrefacteurs sont rarement adhérents de l'UPP, puisque par définition rarement photographes eux-mêmes…
22/3/2011 (TGI Bobigny, RG 05/05655) **Barème invoqué** :	Dans cette affaire de contrefaçon qui opposait un photographe et une société liée à l'un de ses clients, un expert avait été nommé pour fixer le préjudice. La décision rendue rappelle tout d'abord que le barème de l'UPP ne s'impose pas aux juridictions, mais constitue un élément d'appréciation pour permettre aux juridictions d'évaluer le préjudice d'un photographe en conformité avec les usages de la profession (en se référant à un arrêt d'appel dont les références ne sont toutefois pas précisées, mais qu'elle reprend à son compte). Ensuite, le jugement précise :

	« Au vu de ce barème, dont l'utilisation à titre de référence n'a pas été formellement contestée par (la société poursuivie), l'expert a chiffré le préjudice à la somme de 60 718 €. *(Le photographe) ne justifie pas des tarifs auxquels il aurait pu prétendre, hormis ceux pratiqués et librement consentis lorsqu'il a vendu en 2002 ses clichés (à son client), valant y compris pour l'utilisation dans le catalogue hiver 2003, qui se trouvaient bien inférieurs au barème indicatif (de l'UPP).* *Cependant, eu égard à l'utilisation massive et non consentie des clichés sur différents supports, le tribunal trouve en l'espèce les éléments suffisants pour évaluer le préjudice patrimonial (du photographe) à la somme de 50.000 €, la conception française du droit de l'indemnisation n'autorisation pas l'allocation de dommages et intérêts à titre punitif ou dissuasif. »* **Observation** : Voici une affaire curieuse, intéressante mais à manier avec précaution. Tout d'abord, le juge désigne un expert pour évaluer un préjudice sur base du barème UPP qui n'est « pas sérieusement contesté » par la partie poursuivie. L'expert fait un calcul précis qui aboutit à un montant de 60.718 €. Ensuite, au moment de trancher le juge relève que les tarifs pratiqués par le photographe semblent nettement moins élevés, MAIS admet que l'importance de l'utilisation non autorisée des photos justifie que le préjudice soit augmenté, sans toutefois aboutir à des dommages et intérêts « punitifs ou dissuasifs ». Or, nous avons vu dans d'autres décisions que des majorations (jusqu'à un coefficient multiplicateur de x3) sont parfois admises précisément du fait de l'utilisation sans autorisation, ce qui n'est rien d'autre qu'une majoration « punitive ». Sur le fond, j'ai du mal à percevoir l'utilité de l'expertise avec une base consentie à rechercher dans le barème si, ensuite, le juge ne retient qu'une somme forfaitaire un peu inférieure. Cela étant, le jugement peut toutefois être utile toutes les fois où un photographe pratique lui-même des tarifs moins élevés, mais invoque par la suite l'application des barèmes UPP (ou autres) qui reviennent à augmenter sensiblement les montants sollicités.

17/5/2011 (TGI Paris, RG 09/19180) Barème invoqué : SIPA-AFP	*« Si les dommages et intérêts accordés (à la photographe) du fait de l'atteinte à ses droits patrimoniaux d'auteur sur la photographie ne sauraient être constitués par les sommes qu'elle aurait pu percevoir si elle avait valablement cédé ses droits puisque la société défenderesse s'est affranchie des règles légales et qu'il s'agit de l'indemnisation d'un préjudice, les barèmes SIPA Press et AFP produits au débat peuvent être un des éléments permettant d'apprécier ce préjudice. »*
1/6/2011 (CA Aix-en-Provence, RG 10/01449) Barème invoqué : UPP	Dans une affaire qui lui est soumise, la Cour d'appel d'Aix-en-Provence rappelle une fois encore que les barèmes ne sont qu'indicatifs, et rejette par contre expressément « *la multiplication par 5 en cas de contrefaçon* » qui avait été appliquée par le demandeur contre son cocontractant.
6/10/2011 (CA d'Aix-en-Provence, RG 1P/15448) en appel d'une ordonnance de référé) Barème invoqué : UPP	Une société exploitant des photographies assignait une autre société du fait de l'usage non autorisé de ces photos. Pour la série complète des photos concernées, la demanderesse, se basant sur les barèmes de l'UPC chiffrait sa demande à 221.935 €. Elle avait assigné tout d'abord en référé pour obtenir une provision, mais avait été déboutée. Elle avait alors interjeté appel de cette ordonnance. Seule une partie des utilisations était démontrée (mais l'arrêt ne précise pas le nombre de photos visées au départ, pas plus que le nombre de contrefaçons retenues). L'arrêt se contente ensuite de préciser : « *Attendu que (la demanderesse) a évalué son préjudice selon les barèmes de l'UPC appliqués par la profession. Attendu qu'au regard des prix facturés et des dépassements des droits concédés de deux années pour certaines photos, (la défenderesse) sera condamnée à verser à la (demanderesse) une provision à valoir sur la réparation de son préjudice d'un montant de 10.000 €* » Observation : La Cour d'appel accueille donc la demande de provision, se contentant de noter que la base de l'évaluation est le barème de l'UPP « pratiqué par la profession ». J'ignore par contre si, au fond, les juges ont dans la même affaire appliqué ces barèmes de façon stricte.
4/11/2011 (TGI Paris, RG 09/17274)	*« Les barèmes de l'UPP ne sont pas applicables en l'espèce compte tenu des conditions illicites de diffusion des photographies, et de leur dénaturation »*

Barème invoqué : UPP	**Observation** : Cette jurisprudence est fort heureusement isolée !
23/11/2011 (CA Paris, RG 09/22840) **Barème invoqué** : UPP	La Cour considéra : « *Qu'il ne peut toutefois pas être retenu que le préjudice patrimonial se réduirait à celui résultant d'un tarif négocié d'exposition, selon le barème UPC, lequel ne saurait constituer qu'un élément de détermination du préjudice qui commande de prendre en compte, notamment, le fait que l'auteur a été privé de la faculté même de négocier le montant de ses droits ;* *Qu'en l'espèce, il est, en outre, vraisemblable, qu'eu égard à la notoriété de l'auteur et de son modèle, à la cession de droits consentie par ce dernier le 12/10/1969, et à l'utilisation antérieure de l'œuvre, que Lucien Clergue n'aurait pas autorisé la reproduction et l'exposition reprochées, d'autant qu'elles ont impliqué un tirage numérique, dont il n'est pas discuté qu'il l'avait toujours refusé, et un format dont il n'est pas plus dénié qu'il ne l'avait jamais utilisé.* » **Observation** : Dans cette affaire, et pour une fois, la Cour d'Appel a écarté les barèmes de l'UPP au motif que ceux-ci n'étaient pas suffisants pour indemniser le préjudice du plaignant. S'agissant d'un plaignant célèbre (Lucien Clergue), l'argument est certes compréhensible, mais il a le mérite d'être original et rare. Le barème était invoqué cette fois par le contrefacteur.
15/12/2011, Cour Administrative d'appel de Lyon (N° 10LY02938) **Barème invoqué** : UPP	La CAA écarte l'application des barèmes de l'UPC à un <u>dessinateur</u> qui poursuivait une communauté de communes pour l'utilisation illégale de l'un de ses dessins. « */…/ que l'intéressé ne peut utilement se prévaloir du barème édicté par l'UPC* » **Observation** : Le champ d'application du barème ne peut donc pas s'étendre à d'autres arts que la photo. Le dessinateur aurait mieux fait d'invoquer le barème de l'ADAGP.
4/1/2012 (CA Paris, RG 09/01934) **Barème invoqué** : UPP	Dans cette affaire il nous faut lire un peu entre les lignes. Un photographe avait cédé des droits pour 10 ans sur différentes photos, pour un prix total de 6.000 €. Cette cession était intervenue au profit d'une chaîne de résidences de vacances. Un litige survint ensuite quant à une utilisation non autorisée des photos, et le photographe invoqua alors (semble-t-il) le barème de l'UPP pour réclamer certains montants (30.000 € pour ses droits patrimoniaux, et 20.000 € pour ses droits moraux).

	En première instance il avait obtenu une indemnisation qu'il estimait insuffisante. Le montant de cette première condamnation n'est toutefois pas précisé dans l'arrêt dont la copie est en ma possession. Il fit donc appel du jugement, et son adversaire invoqua, devant la Cour d'appel, que le tarif de la cession était à l'origine de 6.000 €, soit un montant *« bien inférieur au barème de l'UPP »*. Je déduis donc – à défaut de précisions dans l'arrêt – que d'une part les demandes du photographe étaient bien basées sur le barème de l'UPP, et que d'autre part la partie poursuivie en contestait l'application en tirant argument du tarif accordé dans la cession d'origine. La Cour d'appel lui accorde une somme de 15.000 €, réformant en cela le premier jugement rendu. **Observation** : À défaut de détails des montants dans l'arrêt, il est difficile de déterminer si le barème a, ou non, été pris en considération. Il semble que oui, de façon indirecte, puisque malgré l'argumentation de la société poursuivie, la Cour d'appel augmente l'indemnisation jusqu'à 15.000 € (mais sans préciser ce qui avait été alloué par les premiers juges). En tout état de cause, le calcul ne devait pas être très précis puisqu'il aboutit à la moitié de la somme sollicitée au départ, somme dont on peut imaginer qu'elle se basait elle-même au moins en partie sur les barèmes. Nous aurons fait de vrais progrès lorsque les magistrats veilleront à être précis sur les critères et calculs pris en considération pour allouer des dommages et intérêts !
22/2/2013 (TGI Paris, RG 11/01673) **Barème invoqué** : UPP	Un photographe reprochait à deux structures (une association de promotion du territoire et une agence de communication) l'utilisation entre 2005 et 2010 dans des supermarchés et lors du Salon de l'Agriculture. Sur base du barème de l'UPP qu'il invoquait lui-même, le photographe réclamait au titre des droits patrimoniaux une somme de 67.200 €. Le tribunal tranche dans les termes suivants : « *Le demandeur calcule son préjudice patrimonial sur la base des barèmes de l'UPP en tenant compte de la reproduction illicite de sa photographie pendant 5 ans dans 10 supermarchés et aux salons de l'agriculture.* *Il y lieu de prendre en compte ces barèmes, (le photographe) étant un photographe professionnel, soit 414 € pour une durée maximale de 6 mois pour des photographies utilisées par les entreprises commerciales dans des salons ou foires commerciales jusqu'à 1 mètre carré. Ce barème sera néanmoins modulé compte tenu d'une part de l'absence d'objet commercial de l'association /…/ et d'autre part des usages concernant la dégressivité des prix pour une longue durée. Au vu de*

	l'ensemble de ces éléments, le préjudice résultant de l'atteinte au droit patrimonial sera évalué à 5.000 €. » **Observation :** L'évaluation du tribunal est donc très largement inférieure à celle du photographe, ce qui est dommage vu l'importance de l'utilisation.
26/6/2013 (CA Paris, RG 10/24329) **Barème invoqué** : UPP	Cette affaire était relative à l'utilisation par une société de vente d'œuvres d'art des photos de ces mêmes œuvres dans un volumineux catalogue en ligne. « *Considérant que le préjudice économique sera déterminé en fonction de la rémunération à laquelle (le photographe) aurait pu prétendre pour la publication de ses photographies sur Internet ; Que celle-ci doit faire l'objet d'une évaluation forfaitaire conformément aux dispositions de l'article L131-4 2ème alinéa du Code de la Propriété intellectuelle ;* *Considérant que cette évaluation forfaitaire peut être fixée en considération du barème indicatif de l'UPC pour les années 2005 et 2007 étant précisé que les premières photographies ont été réalisées en 2005 ; Que pour un site Internet dont la fréquentation est supérieure à 100.000 connexions par mois et au-delà de 35 photographies du même auteur il convient de retenir une rémunération forfaitaire moyenne de 62 € / photographie ;* *Considérant que le préjudice économique sera ainsi fixé à la somme de 544.298 €* »
28/6/2013 (TGI Paris, Ord. Référés, RG 13/52872). **Barème invoqué** : UPP	Dans une affaire où une cession de droits consentie pour de la PLV avait été dépassée par le cessionnaire, le juge des référés avait été saisi par l'auteur d'une photo qui sollicitait une provision. « *La réparation due à la demanderesse n'est pas sérieusement contestable. Le préjudice résultant de l'atteinte à son droit patrimonial sera, au vu de la diffusion importante du magazine à hauteur de 300.000 exemplaires et des tarifs de l'UPP, évalué à la somme de 2000 €.* » **Observation** : L'ordonnance ne mentionne toutefois pas le détail du calcul, de telle sorte que j'ignore s'il s'agit d'une application stricte et mathématique du barème, qui a toutefois a été pris en considération.
3/10/2013 (TGI Paris, 11/17515) **Barème invoqué** :	Dans cette affaire, la Fondation Le Corbusier reprochait à Getty Images d'avoir utilisé des photos représentant des œuvres du célèbre créateur. Getty Images demandait elle-même l'application du barème de l'ADAGP, société de gestion des droits collectif à laquelle la Fondation Le Corbusier avait adhéré.

ADAGP	La Fondation, quant à elle, soutenait qu'elle avait formulé des réserves lors de son adhésion à l'ADAGP, et surtout que, vu l'ampleur des exploitations reprochées, la réparation devait se monter à 2.500 € par photo utilisée en écartant le barème de l'ADAGP. La Cour d'appel va suivre la position de la Fondation Le Corbusier : *« Dès lors que (Getty Images) s'est abstenue de solliciter (l'autorisation de reproduction), il n'y a pas lieu de retenir le barème (de l'ADAGP) afin d'évaluer le préjudice économique.* *Il y a lieu de constater que selon les indications portées sur le site /…/, ces photographies sont vendues entre 102,99 € pour une basse résolution et 442,99 € pour une très haute résolution (impressions de 4 des photos en litige) ou entre 39,95 € pour une basse résolution et 219,95 € pour une très haute résolution (pour une 5ème photo en litige). »* **Observation** : Une nouvelle fois, la partie poursuivie qui tente d'imposer un barème se voit répondre qu'elle n'aurait pu l'invoquer que si elle avait elle-même demandé l'autorisation de reproduction, ce qui ne fut pas le cas.
28/11/2013 (TGI Paris, RG 12/05225) **Barème invoqué** : ADAGP	L'ADAGP était elle-même demanderesse dans cette procédure concernant la reproduction de plusieurs œuvres dont les auteurs avaient adhéré à l'ADAGP. Avant d'aborder la question du barème, je précise que c'est dans cette affaire que la société poursuivie soutenait que le fait pour l'ADAGP d'invoquer ses propres barèmes pour calculer les indemnisations revenait à « abuser d'une position dominante ». J'ai détaillé ce moyen de défense en page 29 de cet ouvrage. Dans ce litige, le tribunal a donc écarté cet argument. Se penchant ensuite sur le chiffrage des atteintes aux droits des auteurs, le tribunal semble avoir fait droit aux demandes si j'en crois le détail des sommes visées dans le dispositif du jugement. Une longue liste reprenant les initiales des auteurs préjudiciés est proposée, avec au regard de chaque auteur le montant en euros manifestement calculé par l'ADAGP (demanderesse) sur base de ses propres barèmes.
19/2/2014 (CA Paris, RG 12/26340) **Barème invoqué par la partie poursuivie**	Un photographe était en litige avec une société à propos de la reproduction d'une photo de la famille princière monégasque dans l'hebdomadaire « Point de vue ». En première instance, le tribunal avait fait application des barèmes de la société poursuivie elle-même, sans accorder au photographe les montants qu'il réclamait. Invoquant l'importance de l'atteinte (tirage du magazine, défaut de mention de son nom, etc.), il réclamait en

(défenderesse) : UPP	appel une somme de 20.000 € pour son préjudice patrimonial. Il est probable que ce soit l'éditeur qui ait, lui-même, invoqué le barème de l'UPP mentionné dans cet arrêt, puisque ce barème aboutissait à une somme de 301 € pour les droits éludés. Les argumentations de l'une et l'autre partie ne sont toutefois pas clairement exposées dans l'arrêt, ce qui oblige, une fois encore, à lire entre les lignes. La Cour d'appel, après avoir évoqué la renommée du photographe notamment sur base des preuves de diverses publications qu'il produisait, parfois pour plusieurs dizaines de milliers d'euros, rappelle que si l'éditeur avait sollicité le photographe pour une cession de droits, cette cession aurait pu être librement négociée. Comme ce ne fut pas le cas, la Cour d'appel écarte le barème de l'UPP, souligne que la photo n'était pas signée dans la parution litigieuse et qu'en outre l'éditeur ne pouvait pas, « sans bourse délier », profiter de l'effort créatif du photographe pour illustrer son magazine. La Cour alloue au photographe une somme de 3.000 € pour les droits patrimoniaux, et 5.000 € pour les atteintes aux droits moraux (léger recadrage et absence de nom de l'auteur). **Observation** : Il est heureux ici que la Cour d'appel n'ait pas fait application du barème, qui amenait semble-t-il à un montant de 301 €. Sur l'argumentation des magistrats, on peut noter aussi une confusion puisque la précision d'une utilisation « de l'effort créatif » du photographe, « sans bourse délier », est généralement un critère utilisé pour les demandes fondées sur le parasitisme économique. La Cour d'appel, dans son appréciation, semble fusionner les deux notions alors que le seul fondement invoqué par le photographe était celui de la contrefaçon.
11/9/2014 (TGI Paris, RG 13/04056) **Barème invoqué par la partie poursuivie** : UPP	Dans cette affaire, le photographe avait chiffré son préjudice à un total de 60.000 €, sans référence aux barèmes. C'est la partie poursuivie qui avait invoqué, de son côté, les barèmes UPP. Sur base de ceux-ci, le tribunal avait alloué 1317 € pour les atteintes aux droits patrimoniaux, en détaillant lui-même le calcul : *« En l'espèce, selon les documents internes de (l'éditeur poursuivi), les magazines sur lesquels figurait la photographie contrefaisante se sont vendus à 9339 exemplaires pour l'un, et à 21.788 exemplaires pour l'autre. Or, selon les barèmes UPP, le tarif qu'aurait dû payer l'éditeur à un photographe tel que (le demandeur)*

	serait de 453 euros pour la couverture du magazine (n°1) et de 717€ pour la promotion du magazine (n°2). *La photographie contrefaisante a été également visible sur le blog (du magazine /.../). Or, selon les barèmes UPP, le tarif qu'aurait dû payer l'éditeur à un photographe tel que (le demandeur) pour la diffusion d'une photographie sur un site dont la fréquentation est supérieure à 500.000 connexions et pour une durée inférieure à 3 mois serait de 147 €.* *La société /.../ a édité la photographie contrefaisante sans avoir à payer son auteur selon les tarifs d'usage et, ce faisant, a donc économisé une somme totale de 1.317 € (453 + 717 + 147). La société /.../ sera donc condamnée à payer (au photographe) des dommages et intérêts en réparation du préjudice patrimonial à hauteur de cette somme. »* Une somme de 2.000 € fut aussi allouée pour le préjudice moral, ainsi qu'un montant de 4.000 € au titre de l'article 700 du Code de procédure civile.
28/11/2014 (TGI Paris, RG 13/12484) **Barème invoqué** : UPP	Ce litige concernait la parution de plusieurs photos dans deux magazines, sans l'accord du photographe. Celui-ci s'appuyait sur les barèmes de l'UPP pour réclamer des droits de base de 2.856 € à multiplier par trois, selon lui, du fait de l'utilisation non autorisée des photos. Le jugement n'est pas clair sur le décompte précis. Un montant identique étant évoqué pour la seconde photographie publiée par le même éditeur dans un autre magazine, mais cette précision n'est pas indispensable pour la compréhension du jugement. Malheureusement, le juge n'a pas retenu le barème, et n'a pas argumenté sur la raison pour laquelle il l'écartait en allouant un montant forfaitaire de 5.000 € pour l'ensemble des atteintes aux droits patrimoniaux. Une somme de 3.000 € fut allouée, en outre, pour l'atteinte aux droits moraux. **Observation** : Il est regrettable, au regard notamment du principe selon lequel le juge doit répondre à l'ensemble des arguments des parties, que certains magistrats ne prennent pas la peine d'expliquer au moins pourquoi ils écartent ces barèmes. Dans le même temps, il refuse donc aussi d'appliquer une majoration du fait de la contrefaçon avérée.
30/1/2015 (TGI Paris, RG 11/09868)	Dans cette affaire, l'ADAGP elle-même introduisait une action contre un éditeur qui avait reproduit diverses œuvres d'artistes qu'elle représentait. Son décompte précis était établi en fonction de ses propres barèmes, et fut accepté du moins pour les reproductions considérées comme contrefaisantes :

Barème invoqué : ADAGP	*« Au vu du barème et du* <u>*tableau très précis*</u> *produit par l'ADAGP, et après déduction des droits réclamés pour les reproductions qui n'ont pas été considérées comme fautives par le tribunal, ce chef de préjudice s'élève à la somme de 26.836 €. La société /…/ sera condamnée à payer à l'ADAGP cette somme à titre de dommages et intérêts en réparation du préjudice subi par les auteurs ou leurs ayants-droits /…/. »* **Observation** : La précision du décompte semble, ici, avoir aidé à la décision favorable.
10/3/2015 (CA Paris, RG 13/09634) **Barème invoqué** : UPP	Dans la célèbre procédure lancée contre la société Artnet par un photographe et concernant l'utilisation de milliers de ses photographies représentant des œuvres d'art dans un catalogue en ligne, le photographe s'appuyait sur le barème de l'UPP pour solliciter, au titre des droits patrimoniaux, la somme de 1.081.280 €. Un montant distinct (250.000 €) était sollicité pour les atteintes à ses droits moraux. Il ajoutait à cela, en parallèle, d'importants montants au titre du parasitisme, mais je ne m'y attarde pas. La partie poursuivie considérait la demande comme « totalement disproportionnée » et soutenait qu'une réparation symbolique conviendrait parfaitement. Le tribunal considéra : *« Considérant que (le photographe) évalue son préjudice économique du fait des actes de contrefaçon sur base du manque à gagner en résultant pour lui en fonction de la rémunération à laquelle il aurait pu prétendre pour la publication de ses photographies sur Internet ; que (cette rémunération) doit faire l'objet d'une évaluation forfaitaire /…/ ;* *Considérant que cette évaluation forfaitaire peut être fixée en considération du barème indicatif de l'UPC pour l'année 2010, date des faits de contrefaçon ; Que pour un site Internet dont la fréquentation est supérieure à 100.000 connexions/mois et au-delà de 35 photographies du même auteur, il convient de retenir une rémunération forfaitaire de 64 € par photographie pour une durée de 6 mois.* *Considérant que pour 6.758 photographies le préjudice économique sera ainsi fixé à la somme de 432.512 € /…/. »* **Observation :** La victoire de ce photographe est à la hauteur de l'importance de la contrefaçon dont il avait été victime. Son parcours judiciaire fut en outre complexe, puisqu'il lui avait fallu, en amont, démontrer l'originalité de toutes les photographies (voir mon ouvrage sur l'originalité).

31/3/2015 (CA Paris, RG 14/06871) **Barèmes invoqués par la partie poursuivie** : UPP et ADAGP	Dans un litige qui l'opposait à l'éditeur Casterman suite à l'utilisation par ce dernier de photos montrant la ville de Paris dans une bande dessinée, un photographe réclamait à l'éditeur : . 10.000 € pour l'atteinte à ses droits patrimoniaux . 10.000 € pour l'atteinte à ses droits moraux. L'éditeur lui-même invoquait, en défense, l'application des barèmes UPP est soutenant que ces barèmes conduisaient à l'application d'un forfait de 158 € pour une reproduction d'un format inférieur ou égal à ¼ de page pour un tirage jusqu'à 100.000 exemplaires. L'éditeur estimait donc que la demande du photographe était démesurée, et que cette démesure était encore plus importante si on la comparait au barème de l'ADAGP. La Cour d'appel va trancher dans les termes suivants : *« Toutefois, la juridiction peut, à titre d'alternative et sur demande de la partie lésée, allouer à titre de dommages et intérêts une somme forfaitaire. Cette somme est supérieure au montant des redevances ou droits qui auraient été dus si l'auteur de l'atteinte avait demandé l'autorisation d'utiliser le droit auquel il a porté atteinte. Cette somme n'est pas exclusive de l'indemnisation du préjudice moral causé à la partie lésée ;* *Considérant que (le photographe) sollicitant qu'il lui soit alloué à titre de dommages et intérêts une somme forfaitaire, il convient, en application de l'alinéa 2 de ce texte, et au vu des éléments produits tels qu'exposés par les parties d'évaluer forfaitairement à 1.750 € par photographie, soit au total à 3.500 €, le préjudice patrimonial subi par (le photographe).* » **Observation** : Le barème UPP invoqué par la partie poursuivie ne fut donc pas retenu, les juges rappelant les principes posés par le Code de la propriété intellectuelle, ce qui est une excellente chose dans ce cas précis.
22/5/2015 (CA Paris, RG 14/03886) **Barème invoqué** : UPP	Dans ce dossier relatif à une série de photos de plateau, la société poursuivie demandait elle-même l'application des barèmes concernant les œuvres préexistantes, et non celle du barème à points. L'arrêt n'est pas très clair sur le fondement de la demande du photographe et ne précise pas qu'il invoquait précisément ce barème à points. Il est donc nécessaire de lire entre les lignes. La Cour d'appel a alloué une somme de 7.200 € au titre des atteintes aux droits patrimoniaux pour les seules photos (au nombre de 3 sur les 51 qui étaient en litige) dont l'originalité avait été admise. **Observation** : L'indemnisation est fixée après un calcul, mais l'arrêt n'est pas très détaillé quant aux montants par photo pour l'atteinte aux droits patrimoniaux. Par contre, un calcul

	précis est utilisé par le photographe dans son argumentation subsidiaire sur base de reproches de parasitisme, auxquels il mêle le défaut de mention de son nom. Les arguments sont donc au final peu utiles. Il est possible que cette imprécision ne soit le fait que des magistrats, et que les conclusions du photographe, en amont aient été plus précises.
3/6/2015 (CA Colmar, RG 1A 14/02412) **Barème invoqué** : UPP	Dans une affaire où il était question de l'utilisation, par un annonceur, de photographies à des fins non prévues dans la cession de droits initiale, la Cour d'appel de Colmar eut à déterminer si le barème à appliquer était celui des œuvres préexistantes, ou celui des œuvres de commande. Le premier des deux barèmes (œuvres préexistantes) amenait à un total supérieur au moment du calcul de l'indemnisation. La partie poursuivie se défendait en disant qu'à l'origine, il s'agissait bien d'une commande, mais un expert saisi par le Tribunal avait estimé que, la cession de droits ayant été dépassée, il fallait considérer que la contrefaçon visait une œuvre préexistante, ce qui a été confirmé par la Cour d'appel : « *Attendu que c'est à juste titre que l'expert a retenu que l'indemnisation devait s'effecteur sur la base des œuvres préexistantes ; Qu'en effet, il doit être considéré que les clichés litigieux ont été réalisés initialement par /…/ et étaient destinés uniquement à l'utilisation d'un catalogue de montres ;* *Attendu que par la suite, ces photographies ont été à nouveau utilisées sur d'autres supports, et ce, en violation des droits (du photographe) ; Que sur ce point, l'expert a exactement relevé qu'au cas particulier des parutions litigieuses, il n'y avait pas eu de commandes mais utilisation d'œuvres préexistantes, ce qui justifie l'utilisation du barème d'évaluation des œuvres préexistantes ;* *Attendu en effet qu'au regard de l'existence reconnue d'une contrefaçon, il doit effectivement être admis qu'il ne peut y avoir d'œuvre de commandes, l'action de contrefaçon n'ayant pu s'exercer qu'à partir d'une œuvre préexistante.* » **Observation** : Le noeud du litige, ici, n'était - pour une fois - pas de savoir si les barèmes de l'UPP étaient ou non applicables, mais de déterminer, au sein de ce document, laquelle des méthodes de calcul devait être utilisée. Ces barèmes sont en effet divisés en deux parties, l'une concernant les oeuvres préexistantes, et l'autre concernant les oeuvres de commande, aboutissant en général à des montants plus élevés, sur base d'une méthode de calcul basée essentiellement sur le taux

	horaire et la multiplication par un "point" dont la valeur varie. Le barème relatif aux œuvres préexistantes fut donc retenu en l'espèce. Cette affaire fit ensuite l'objet d'un pourvoi en Cassation, mais le pourvoi sur ce point fut rejeté par la Cour de Cassation (Cass.Civ. 16/11/2016, n°15-22723).
15/7/2015 (CA Versailles, RG 13/07057) **Barème invoqué** : UPP	Dans un litige concernant des centaines de photographies sportives, la Cour d'appel n'avait admis l'originalité que de 16 photographies. Pour celles-ci, le photographe réclamait l'application du barème UPP (sur base d'un détail qui n'est pas reproduit dans l'arrêt). Les juges ont toutefois considéré qu'en raison « du caractère purement indicatif du barème de l'UPP », il convenait de s'en tenir à une indemnisation de 8.000 €, sans détail du calcul effectué.
30/7/2015 (TGI Marseille, RG 13/05981) **Barème invoqué** : UPP	Dans cette affaire les deux parties s'entendaient pour appliquer le barème UPP. Toutefois, leurs calculs n'étaient manifestement pas identiques. Le photographe sollicitait une condamnation à hauteur de 24.351 € pour ce qu'il considérait, semble-t-il, comme un catalogue publicitaire. La société poursuivie soutenait quant à elle qu'il s'agissait d'un livre, sans vocation commerciale ou publicitaire. Entre les lignes, on peut toutefois comprendre *« Afin de fixer le préjudice économique subi par le demandeur, les parties sont d'accord pour appliquer le barème indicatif 2011-2012 édité par l'UPP.* *Pour les neuf photographies figurant dans les guides 2011-2012, il sera appliqué le tarif relatif aux livres, rappel étant fait que ces guides n'ont pas une vocation de publicité, mais d'information du public.* *Il sera alloué (au photographe), au vu du format des clichés, la somme de 9x161 € soit 1.449 € ; la reproduction de la photographie sur l'affiche non publicitaire donnera lieu à l'octroi d'une somme de 472 € ; enfin, l'absence d'éléments sur la fréquentation du site internet, le montant dû au titre des six clichés sera évalué à la somme de 735 €. »* Observation : Le calcul précis utilisé par le tribunal n'était certes pas au goût du photographe dans cette affaire, mais la présence du calcul est en elle-même à saluer puisque conforme aux prescriptions du Code de la propriété intellectuelle.
23/9/2015 (CA Paris, RG	Un photographe et un éditeur de presse étaient en litige concernant la publication d'un portrait sans

14/05736) **Barème invoqué** : UPP	l'autorisation du photographe auteur du portrait. Le photographe demandait une indemnisation forfaitaire alors que l'éditeur poursuivi invoquait lui-même l'application du barème de l'UPP. La Cour d'appel rappelle que le barème n'est qu'indicatif, mais tient par contre compte de l'importance des publications (publication dans un magazine trimestriel en 2/3 de page, vendu assez cher – 14 € sur abonnement ou 40 € sans abonnement -, mais sans préciser le tirage du magazine) pour allouer une somme forfaitaire de 300 €. **Observation** : La condamnation est réellement minime pour les droits patrimoniaux, mais le photographe ne réclamait pas beaucoup plus, puisque sa demande à cet égard se montait à 500 €. Tout ça pour ça... Il obtint par ailleurs des indemnisations pour l'atteinte à son droit au nom (700 €) et à l'intégrité de l'œuvre (500 €).
29/10/2015 (CA Aix-en-Provence, RG 13/05444) **Barème invoqué** : UPP	Dans cette affaire, un photographe avait obtenu en première instance une condamnation de son adversaire à la somme de 46.368 € au titre des atteintes à ses droits patrimoniaux suite à l'utilisation illégale d'une de ses photos (panoramique par assemblage) sur une surface de 27m². Il semble qu'il se soit lui-même basé sur les barèmes UPP. L'une des sociétés condamnées fit appel du jugement. En degré d'appel, les juges considèrent que l'une des utilisations de la photo n'était démontrée que sur une période plus réduite que retenu au départ. En conséquence, la Cour réduisit l'indemnisation à due concurrence, mais toujours en se basant sur les barèmes : *« Cependant, la période ci-dessus étant inférieure de moitié à celle retenue par le Tribunal, les deux indemnités seront réduites dans la même proportion sur la base des barèmes indicatifs de l'UPP, soit les sommes de 23.184 € au titre du droit patrimonial, et de 150 € au titre du droit moral. »*
8/4/2016 (TGI Nancy, RG 15/01989) **Barème invoqué** : UPP	Utilisation illégale de photographies d'un festival musical par les organisateurs de ce festival, au-delà des limites de la cession concédée. Application mathématique du barème : 367 photographies x 140 € → 51.380 € alloués au titre des droits patrimoniaux. **ATTENTION** : **Ce jugement avait été frappé d'appel, mais je ne parviens pas à trouver l'arrêt qui doit avoir été rendu depuis ! Cette jurisprudence est donc à manier avec**

	prudence ! En cas de procédure, si votre avocat entend l'utiliser, il lui appartiendra de rechercher si possible l'arrêt rendu en appel. **Je l'ai toutefois citée, puisque les applications mathématiques des barèmes sont assez minoritaires, chaque décision pouvant présenter un intérêt.**
13/5/2016 (TGI Paris, RG 15/02788) __Barème invoqué__ : L'AFP invoque ses propres tarifs et les multiplie par 3, ce que le tribunal accepte	Dans une affaire opposant l'AFP au parti politique « Les Républicains », l'AFP poursuivait suite à l'utilisation illégale de 5 photos. L'AFP demandait l'application de son propre tarif, multiplié par 3 du fait de l'utilisation illégale. Le tribunal accepte le décompte qui lui est ainsi présenté : 541 €/photo x 5 photos soit donc 2705 €, *« auquel il convient d'appliquer un coefficient multiplicateur de 3 pour tenir compte de l'attitude illicite du contrefacteur, de telle sorte que le préjudice de l'AFP sera évalué à la somme de 8.115 € ».* __Observation__ : Nous verrons un peu plus loin dans le tableau un second jugement sur le même principe, mettant également en cause l'AFP en tant que demanderesse, avec la même application de son tarif et la même majoration (x3) du fait de la contrefaçon. Dans cette affaire-ci, l'AFP avait toutefois demandé une somme supplémentaire du fait des "frais de recherche et de traitement administratif" pour "arrondir" à 14.000 €, mais cette partie de sa demande fut rejetée.
23/6/2016 (TGI Lyon, RG 14/03752) __Barème invoqué__ : UPP	Il s'agissait d'un litige relatif au portrait d'un maire, utilisé ensuite par un magazine sans l'autorisation du photographe. Le photographe sollicitait, sur base du barème de l'UPP, une somme de 2.800 € pour les atteintes aux droits patrimoniaux. Le tribunal a entièrement fait droit à cette demande : *« Compte tenu du nombre de clichés publiés, et au regard du barème de l'UPP applicable à une image publiée pendant plus d'un an, il convient de faire droit à la demande indemnitaire formée par (le photographe) à hauteur de 2.800 € et de condamner la société /…/ à lui verser cette somme en réparation de son préjudice résultant des faits de contrefaçon. »* __Observation :__ Le jugement est un peu imprécis sur le nombre de photos en litige, puisqu'il semble les désigner au pluriel. Cela étant, le photographe a obtenu à l'euro près ce qu'il sollicitait, et le barème a donc été appliqué sur base, sans doute, d'un décompte précis qui n'est toutefois pas détaillé dans le jugement au-delà de l'extrait que j'en ai reproduit ci-dessus.

8/7/2016 (TGI Paris, RG 15/08508) **Barème invoqué** : L'éditeur/défendeur invoque le barème de l'UPP	En litige avec l'éditeur d'un livre au sujet de la réutilisation d'une photographie sur la version traduite de l'ouvrage, un photographe réclamait une somme de 15.000 € pour les droits patrimoniaux. Il y ajoutait une somme de 8.000 € pour les droits moraux, ainsi que d'autres chefs de demandes. Son décompte n'était apparemment pas détaillé, du moins si l'on en croit le jugement rendu. L'éditeur, de son côté, soutenait que cette demande était « disproportionnée » pour une utilisation et que selon le barème de l'UPP, le montant dû se limitait à 479 € En réponse, le tribunal commença par totaliser les exemplaires de chacune des éditions, soit pour les 5 éditions en français, 19.500 exemplaires au total, et pour les 2 éditions en anglais, 5.000 exemplaires au total. Il relève ensuite que lors du premier tirage de 5.000 exemplaires, une somme de 341 € avait été facturée par le photographe, et que cela correspondait donc au prix de cession librement négocié à l'époque, lequel devait être privilégié par rapport aux barèmes invoqués par l'éditeur, et même – c'est moi qui l'ajoute – par rapport aux demandes formulées devant le tribunal par le photographe lui-même. Le tribunal se livre ensuite à un calcul un peu étrange, rassemblant toutes les éditions en français et en anglais, considérant qu'au prorata, un total de 1.670 € était dû, dont il fallait déduire les 341 € déjà versés en 2006… … ce qui laissait donc un solde de 1.329 € à verser après le jugement. Il effectue ensuite un calcul identique pour les 22.510 exemplaires au total de différentes traductions (allemand, italien, espagnol, polonais, slovène, tchèque, japonais, coréen, chinois), estimant que pour toutes ces éditions, un montant global et unique de 1.535 € réparerait suffisamment le préjudice ! Ces deux montants sont ensuite augmentés d'une majoration de 50 % du fait du défaut d'information du photographe, pour aboutir donc à un total de 1.329 € + 1.535 € + ((1.329 € + 1.535 €) x 50%) = 4.296 €. **Observation** : Les barèmes invoqués par l'éditeur sont donc écartés, mais la demande (non détaillées) du photographe l'est aussi. Il est par contre regrettable que dans son calcul pour le moins minimaliste, le tribunal ait appliqué le tarif précis (au terme d'un décompte un peu obscur) correspondant à une application proportionnelle du montant facturé à l'époque, en fonction du nombre d'exemplaires réellement imprimés.

	Ce calcul précis démontre l'importance du premier chiffrage du photographe au moment de la cession initiale ! Pour ceux qui disposent de mon ouvrage « L'originalité en photo et vidéo », 1ère édition, l'affaire est aussi évoquée sous l'angle de l'originalité de la photo (un portrait) qui était en litige (voir page 85 de l'ouvrage).
22/9/2016 (TGI Nanterre, RG 13/14547) **Barème invoqué** : UPP	Dans cette très curieuse décision, le tribunal était saisi d'une demande en contrefaçon par un photographe, auteur d'une photo sportive représentant une scène de horseball. Il demandait des montants très élevés, du fait de l'utilisation illégale de cette photo par une marque de parfums. Le tribunal va dans un premier temps refuser d'admettre l'originalité de la photo, ce qui devait dès lors sortir les débats du champ de la propriété intellectuelle. Le photographe ayant demandé, à titre subsidiaire, une condamnation sur base du parasitisme économique, l'indemnisation devait dès lors être appréciée sur ce terrain puisque l'utilisation avait bien été considérée comme un acte de parasitisme par les juges. Mais étrangement, les juges, au moment d'apprécier le préjudice, écartèrent le barème de l'UPP non pas parce qu'ils avaient à apprécier en fonction des règles normales de la responsabilité extracontractuelle – ce qui aurait été la seule réponse logique -, mais en considérant que ce barème « n'a qu'une valeur indicative », et qu'en outre le photographe lui-même ne l'avait pas utilisé au moment de fixer son tarif lors de la cession de droits de départ (celle dont les limites avaient été dépassées). Un autre motif invoqué était le fait que, si le photographe démontrait une certaine notoriété, il ne démontrait pas, par contre, avoir un statut de photographe professionnel. **Observation** : Cette décision est donc très curieuse. Je la reproduis pour être complète bien qu'elle soit juridiquement critiquable : lorsqu'une photo n'est pas considérée comme « originale » et dès lors qu'elle échappe, selon le juge, au champ de la protection par le Code de la propriété intellectuelle, il n'y a plus lieu d'évaluer l'atteinte portée aux droits patrimoniaux à l'aide de quelque critère que ce soit (barèmes ou autres). L'appréciation se fait alors en fonction des règles de la concurrence déloyale, c'est-à-dire celles de la responsabilité civile extracontractuelle. Notons que par ailleurs, la motivation sur le défaut d'originalité était très sévère ! Je m'en servirai dans la prochaine édition de mon ouvrage sur l'originalité. Je n'ai pas trouvé de trace d'un appel. J'ai donc pris contact avec l'avocat qui avait défendu le photographe à

	l'époque, lequel m'a confirmé que son client n'avait pas fait appel du jugement. Celui-ci est donc définitif. Peu utile, en fin de compte, pour le sujet qui nous occupe, mais suffisamment étonnant et mal motivé (à mon humble avis) pour être signalé.
30/9/2016 (CA Paris, RG 15/05886) **Barème invoqué** : UPP	Dans un procès fleuve concernant l'utilisation de photographies d'œuvres d'art par un catalogue de ventes (Artprice), la Cour d'appel a tranché dans le sens suivant : *« Considérant que, pour chiffrer son préjudice, (le photographe) se reporte aux barèmes de l'UPP soit 160 € par photographie pour une durée de 2 ans soit une somme totale de 109.380 € et justifie avoir donné des autorisations pour des représentations dans des ouvrages d'art pour un prix en moyenne de 100 € / photographie.* *Considérant que la société Artprice soutient que le (barème) invoqué est indicatif et que seuls les photographes justifiant d'une certaine notoriété établie en bénéficient, ce qui n'est pas le cas (du demandeur) qui n'a jamais été exposé.* *Considérant que (le demandeur) produit des pièces dont il résulte que le prix habituel qu'il pratique est de 36 € pour les photographies de meubles, 26 € et 15 € pour celles d'objets ;* *Que le prix de 100 € qu'il avance constitue un prix exceptionnel, démontrant toutefois qu'il bénéficie d'une certaine notoriété dans les ouvrages d'art de photographies.* */…/* *Considérant qu'au vu de ces éléments la Cour fixera le préjudice patrimonial (du photographe) à la somme de 80 € par photographie soit un montant global de 57.600 € et lui allouera une somme de 10.800 € en réparation de son préjudice moral ».* **Observation** Cette affaire démontre l'importance qu'auront vos tarifs habituels dans un litige. Si le photographe était parvenu à démontrer qu'il facturait régulièrement plus que 80 € par photo, voire les 160 € prévus au barème de l'UPP pour l'utilisation concernée, le résultat aurait été différent.
8/11/2016 (CA Paris, RG 15/07878) **Barème invoqué** : UPP	Dans une affaire relative à des photos de plateau utilisées dans une encyclopédie, un photographe s'opposait à l'éditeur de l'encyclopédie. L'arrêt n'est pas très clair sur la partie qui a invoqué le barème de l'UPP, mais il semble que ce soit le photographe lui-même, en les augmentant OU (le doute subsiste) en appliquant ses propres coefficients. Son calcul précis n'est toutefois pas détaillé, il est juste précisé qu'il demandait une somme de 5.000 € pour

	chacune des 14 photographies en litige, soit un total de 70.000 € pour les atteintes aux droits patrimoniaux. L'éditeur estimait que « *le photographe ne peut raisonnablement excéder 300 % du droit de base fixé par les usages professionnels* ». La Cour d'appel estima : « *Qu'eu égard aux ventes de l'ouvrage « L'encyclopédie /…/ » (environ 3.300 exemplaires au prix unitaire HT de 23,70 €), à la notoriété des photographies illicitement reproduites – importante pour celles numérotées 2 et 4 et moindre pour celles numérotées 8 et 11) -, au fait que le nom (du photographe) n'est pas même cité à la fin de l'ouvrage litigieux, et sans qu'il y ait à se référer aux barèmes de l'UPP ou aux tarifs auxquels (le photographe) vendrait habituellement ses photographies par l'intermédiaire de la société Rue des Archives (100 € minimum) invoqués par (l'éditeur) qui auraient trouvé à s'appliquer si (l'éditeur) avait sollicité l'autorisation (du photographe), la Cour est en mesure de fixer comme suit l'indemnisation de l'atteinte portée aux droits du photographe :* *. 3.000 € pour les photos (célèbres)* *. 1.000 € pour les autres photos au titre des droits patrimoniaux /…/.* » **<u>Observation</u>** : Le nombre de photos prises en compte au moment d'apprécier le préjudice se limite à celles qui ont été considérées comme originales, ce qui explique la différence avec le décompte proposé par le photographe. Toujours est-il que face au barème invoqué par celui-ci, et qui semblait bien être le barème de l'UPP potentiellement majoré, la Cour d'appel a tout simplement écarté ledit barème, au motif qu'il aurait pu être appliqué SI les parties avaient négocié en temps utile. Au final, les montants alloués par la Cour sont moins élevés que la demande du photographe basée sur lesdits barèmes et majorés par ses soins. Ils sont sans doute plus élevés que ce que proposait l'éditeur, mais il est impossible d'en être certain, à défaut pour l'arrêt d'avoir reproduit le chiffrage de cette partie poursuivie.
10/1/2017 (CA Paris, RG 16/04858)	J'ai évoqué cette affaire plus haut dans l'ouvrage, au moment d'examiner une réponse parfois réservée par la partie poursuivie (voir page 31, réponse à l'argument n°7). Il s'agissait de l'intégration d'un plagiat d'une photo dans un montage reproduit sur un T-shirt commercialisé par le fabricant à qui était reprochée la contrefaçon. La photographe évaluait la redevance forfaitaire par tee-shirt à 15 €, ce qui aboutissait à une indemnisation totale

	de 180.765 €. Elle ne voulait pas faire application des barèmes UPP, association à laquelle elle disait ne pas avoir adhéré, en précisant que les barèmes étaient en outre obsolètes, ne faisaient pas référence à une utilisation sur un support textile, et enfin ne constituaient pas une référence en matière de fixation des tarifs. De son côté, le fabricant répondait qu'une redevance de 15 euros par Tee-shirt vendu à 19,99€ était irréaliste. Il se basait sur le barème de l'UPP qui prévoit un tarif pour les utilisations sur des objets ou vêtements, avec une rémunération à 1036 € jusqu'à 5000 pièces, et 165 € par tranche de 1000 pièces supplémentaires (barème 2010). Voyons comment les magistrats ont accueilli ces deux méthodes de calcul : *« Considérant que pour apprécier l'importance de ce gain manqué, (la photographe) se contente de réclamer une redevance forfaitaire de 15€ par tee-shirt sans fournir aucun élément objectif d'évaluation ; <u>Qu'il convient dès lors de prendre comme élément de référence le barème indicatif 2010 de l'UPP, sans qu'il soit nécessaire que (la photographe) soit membre de cette association, tel que versé aux débats par (le fabricant),</u> en tenant toutefois compte de ce que les actes d'atteinte aux droits de (la photographe) datent de l'année 2013 ;* *Considérant que ce barème précise qu'il est « établi à titre indicatif en fonction des conditions de cessions de droits d'auteur couramment pratiquées dans la profession et qu'il tient compte 'du format de publication de la photographie par rapport au format du support, de la nature du support, du chiffre du tirage de chaque media, de la durée d'exploitation en France (exceptionnellement en Europe et dans le monde) et dans le temps', de telle sorte qu'il constitue une base d'évaluation objective et suffisamment fiable;* *Considérant que pour la reproduction d'une photographie sur un vêtement vendu le barème pour un tirage jusqu'à 5000 exemplaires est de 1036 € puis de 165 € tous les 1000 exemplaires suivants ; Qu'ainsi pour une masse contrefaisante de 12.051 modèles, la redevance proposée dans ce barème est de 1036 + (165x 8) =2.356€ qu'il conviendra d'actualiser à la somme de 2.500 € compte tenu de l'ancienneté du barème ; »* **<u>Observation</u>** : Sur le strict plan des droits d'auteur éludés (ceux qu'aurait dû payer le fabricant selon la Cour), la condamnation est plus élevée que celle allouée en première instance, mais bien moins que les montants sollicités par la photographe, et se base sur les barèmes UPP.

12/1/2017 (TGI Paris, RG 16/03034) Barème invoqué : SAIF	Dans cette affaire, un photographe de plateau reprochait à France TV d'avoir utilisé l'une de ses photos. France TV invoquait elle-même l'application du Barème de la SAIF pour réduire les demandes du photographe. Celui-ci sollicitait, sur une base de calcul non précisée, une somme de 20.000 € pour ses droits patrimoniaux et de 1.000 € pour les atteintes à ses droits moraux. France TV, sur base des barèmes SAIF, soutenait qu'une somme de 220 € était totalement suffisante. Le tribunal, de son côté estime : *« Cependant, le tribunal ne peut être tenu par ce barème purement indicatif s'agissant de l'indemnisation d'un préjudice résultant d'une contrefaçon.* *Pour autant, s'agissant d'un article resté visible moins d'un mois sur un site ayant une visée informative et non commerciale sur Internet, le tribunal considère que le préjudice (du photographe) sera entièrement réparé par l'octroi d'une somme de 800 € au titre de son préjudice matériel et de 1.000 € au titre de son préjudice moral. »* **Observation** : Il est heureux que le barème invoqué par la partie poursuivie ait été écarté, mais sur les montants, le tribunal a toutefois réduit de façon drastique les montants alloués. Il est regrettable que le jugement ne détaille pas sur quelle base – pour autant qu'il l'ait détaillée lui-même – le photographe avait, quant à lui, calculé les montants réclamés. Ceci aurait en effet permis de comprendre la décision rendue.
12/1/2017 (TGI Nanterre, RG 14/02433) **Barème invoqué** : ADAGP	Un photographe ayant remplacé le célèbre Helmut Newton pour la réalisation des photos d'un calendrier Pirelli (année 1986) était en litige sur l'utilisation de plusieurs photos (certaines utilisées à titre principal, d'autres, prises « backstage », à titre accessoire). Il invoquait le barème de l'ADAGP pour réclamer 10.000 € par photo « principale » et 6.000 € par photo de backstage, ce qui l'amenait à un total de 350.000 €, tenant compte aussi du fait que le calendrier Pirelli était selon lui un produit de luxe. Le tribunal a toutefois écarté ses demandes, sans aucune argumentation sur la question du barème. Au motif d'un manque de preuve du manque à gagner, du fait que ces montants étaient sans commune mesure avec ceux facturés l'année précédente (par lui-même en tant qu'assistant) et d'un défaut de preuve de la notoriété qu'invoquait le photographe, le tribunal lui alloua une somme de 5.000 € par photo « principale » (soit 50.000 € pour les 10 photos en litige) et 3.000 € par photo « backstage » (pour chacune des 3 photos concernées).

	Observation : On est donc bien sur un calcul, ce qui est positif, mais pas en application d'un barème qui n'est pas même pris en considération par le tribunal.
24/2/2017 (TGI Paris, RG 16/02608) **Barème invoqué** : SAIF	Un célèbre photographe de mode reprochait à une chaîne de télévision d'avoir reproduit deux couvertures de magazines qui elles-mêmes reproduisaient des photos dont il était l'auteur. Au niveau de l'indemnisation, le photographe faisait état de sa renommée internationale, et réclamait SANS faire mention d'un barème quelconque, une somme de 7.500 € par photo. La société poursuivie soutenait de son côté qu'il fallait apprécier le préjudice « selon les usages de la profession, à savoir selon le barème SAIF 2000, à un montant de 220 € par photo ». Le tribunal rappela les principes d'indemnisation contenus dans le Code de la propriété intellectuelle, et alloua une somme intermédiaire (3.000 € au total) sans même évoquer la question du barème SAIF. **Observation** : Vu les montants proposés par la société poursuivie, il est heureux que son « calcul » n'ait pas été retenu. Il aurait par contre été utile que le tribunal explique précisément la raison pour laquelle il écartait ce barème.
28/2/2017 (CA Paris, RG 15/23360) **Barème invoqué** : ADAGP	Dans cette affaire, l'auteur de la peinture ayant servi pour l'affiche du film « Pirates » (Roman Polanski, 1986) reprochait au producteur l'utilisation de son œuvre sur les jaquettes des DVD. Il avait obtenu en première instance la somme de 30.000 € pour l'atteinte à ses droits patrimoniaux (et 10.000 € pour l'atteinte à ses droits moraux). Le producteur avait fait appel et sollicitait lui-même l'application du barème de l'ADAGP (aboutissant à une indemnisation de 1756 €). La Cour d'appel écarta le barème invoqué par le producteur poursuivi : *« Considérant que la masse contrefaisante correspondant au nombre de DVD du film « Pirates » vendus sur le territoire national entre 2009 et 2011 est de plus de 30.000 exemplaires /…/ ; que si le barème 2016 de l'ADAGP indiquant une rétribution de 1756 € pour la reproduction d'une illustration sur disque et en première de couverture, celui-ci ne s'impose pas au juge et ne donne qu'une indication du montant minimum de l'indemnité forfaitaire pouvant être allouée au titre du dernier alinéa de l'article L331-1-3 du Code de la propriété intellectuelle. »* **Observation** : Voici donc un autre cas dans lequel le barème a été considéré comme insuffisamment élevé. La Cour indique

	qu'il ne s'agit que du « minimum » de l'indemnisation, tout en se référant à la disposition du Code qui prévoit que l'indemnisation en cas de contrefaçon doit toujours être AU MOINS égale à ce qui aurait pu être négocié. Ici, la Cour va confirmer les montants alloués en première instance.
28/3/2017 (CA Paris, RG 16/07425) Barème invoqué : UPP	Un photographe reprochait à une association d'avoir utilisé l'une de ses photos sur différents supports. L'association poursuivie invoquait elle-même l'application du barème de l'UPP. Bien que l'arrêt ne soit pas très détaillé sur le montant de ses demandes et leur calcul, la Cour d'appel écarte l'application du barème : « *Considérant qu'au vu des éléments du dossier, (et) la circonstance que l'association /…/ a retiré la photographie de sa page d'accueil dès l'assignation, et sans qu'il y ait lieu de se référer aux barèmes de l'UPP invoqués par (l'association) qui auraient trouvé à s'appliquer si celle-ci avait sollicité l'autorisation du photographe, la Cour est en mesure de fixer à 100 € le montant des dommages et intérêts devant réparer le préjudice moral (du photographe).* » **Observation** : Il est curieux que l'association ait invoqué le barème uniquement pour les droits moraux alors que les droits patrimoniaux semblaient ne pas être concernés par le litige. Cela étant, la Cour d'appel écarte donc l'application du barème au prétexte qu'il ne pouvait servir qu'en cas de négociation amiable préalable à l'utilisation.
29/6/2017 (TGI Lyon, RG 12/04147) **Barème invoqué** : UPP	Un photographe était en conflit avec une association suite à l'utilisation de différentes photos réalisées pendant des spectacles de danse. Le photographe invoquait lui-même le barème de l'UPP, ce que contestait l'association. Sur le principe de l'application du barème, le tribunal tranche dans les termes suivants : « *L'association /… / conteste l'application du barème de l'UPP au motif qu'il est excessif, au surplus en considération de la faible renommée (du photographe). Néanmoins, le tribunal constate que la défenderesse n'a pas contesté son utilisation par (le photographe) lors de l'établissement de ses notes de droits d'auteur en 2005 et 2006.* *Au demeurant, elle tempère davantage l'évaluation du préjudice au regard de la durée de la contrefaçon et de la faible audience de son site Internet. Sur ce point, le tribunal observe que l'association /…/ a admis avoir poursuivi la mise en ligne des photographies litigieuses à compter de 2007 jusqu'au constat opéré par le*

	demandeur /…/. En outre, la défenderesse ne justifie pas du nombre de connexions mensuelles sur son site. Par suite, le barème (de l'UPP) doit être appliqué ». Le tribunal se livre ensuite à un calcul précis pour toutes les photos dont l'originalité a été reconnue précédemment dans la décision et arrive à un montant total de manque à gagner de 4730,60 € (ce qui est toutefois moins que les sommes demandées par le photographe qui aboutissait quant à lui à un montant de 21.378,60 €). **Observation** : Le rappel des principes par le tribunal est utile, et le calcul précis fait, ensuite, sur base du barème UPP pour les photos considérées comme originales, est conforme aux dispositions du Code de la propriété intellectuelle en matière d'appréciation du préjudice subi, et dont le contenu a été rappelé très clairement par les juges. Ce jugement montre aussi l'utilité de faire référence de façon expresse à un barème au moment des échanges contractuels entre vous et vos clients. Ceux-ci auront moins de chance, par la suite, d'en contester l'application.
30/6/2017 (TGI Paris, RG 16/14600) **Barème invoqué** : L'AFP invoque son propre tarif, et demande une multiplication par 3	Dans un dossier relatif à une contrefaçon de 4 photographies, l'AFP applique son propre tarif et demande qu'il soit multiplié par trois, ce qu'accepte le tribunal : *« En l'espèce, il ressort des pièces versées que le prix de la licence d'utilisation pour chaque visuel sur un site Internet commercial s'élève à 364,50 € par visuel pour une mise en ligne d'un an. Le manque à gagner de l'AFP est donc pour les quatre visuels litigieux d'un montant de 1.458 € auquel il convient d'appliquer un coefficient multiplicateur de 3 pour tenir compte de l'attitude illicite du contrefacteur, de telle sorte que le préjudice de l'AFP sera évalué à la somme de 4.374 €. »* **Observation** : Dans ce jugement, il n'est pas question d'un barème professionnel parmi ceux que j'ai recensés, mais le jugement reste très important et très utile. En effet, l'AFP produit ses propres tarifs et, sur base des droits en principe réclamés pour une utilisation donnée, affirme que ceux-ci doivent être multipliés par trois du fait de la contrefaçon. Le tribunal suivant cette argumentation accorde au centime près le montant ainsi multiplié par trois.
21/9/2017 (TGI Nanterre, RG 15/13283)	Un photographe était en litige avec l'éditeur d'un site web suite à la publication sans son accord d'une photo représentant un sportif se jetant d'une falaise équipé d'une « wingsuit ».

Barème invoqué : La partie poursuivie invoquait le barème de l'UPP	Le photographe sollicitait, au titre des droits patrimoniaux, une somme de 6.000 € dans ses conclusions. L'éditeur du site, invoquait lui-même le barème de l'UPP pour tenter de diminuer l'indemnisation, mais le jugement ne précise pas quel était le chiffrage proposé par cet éditeur. Le tribunal écarta le barème de l'UPP en tenant compte de la notoriété du photographe : *« Le cliché en cause est donc resté en ligne pendant 17 mois. La société /… : verse au débat les données issues de Google Analytics, non utilement contestées par le demandeur, montrant que cet article a été peu consulté par les internautes, le public ciblé par ce site étant en outre un public ciblé, passionné des sports extrêmes.* *Si les tarifs de l'UPP (sont) un élément dont il peut être tenu compte dans l'appréciation des dommages et intérêts, il sera toutefois relevé que ces tarifs, établis à titre indicatif et non contraignant, sont appliqués en cas d'utilisation des clichés avec l'accord de l'auteur.* *Il convient à cet égard de tenir compte de la reconnaissance dont bénéficie (le photographe) dans le domaine journalistique, étant un photographe, grand reporter, qui travaille en relation avec plusieurs éditeurs et notamment avec le magazine VSD comme en témoignent non seulement le reportage sur le saut (en wingsuit) publié dans ce magazine mais également les factures de cession à celui-ci de photographies d'archives de l'auteur en date des 18 janvier 2012 et 12 janvier 2015 pour des montants respectifs de 3000 € et 5.000 €.* *Au vu de ce qui précède, il sera alloué (au photographe), à titre de dommages et intérêts, les somme de 3.000 € en réparation de son préjudice au titre de l'atteinte à ses droits patrimoniaux d'auteur et de 3.000 € en réparation de son préjudice au titre de l'atteinte à son droit moral d'auteur. »* **Observation** : Si vous disposez de mon ouvrage « *L'originalité en photo et vidéo* », il est également question de cette affaire dans la section consacrée aux photos sportives, en page 130 (1ère édition, 2020) puisqu'un débat avait eu lieu à ce sujet. J'en ferai mention également dans ma future 2ème édition à l'avenir, ce jugement étant important.
22/9/2017 (TGI Paris, RG non mentionné sur la copie en ma possession)	Un photographe assignait une société et son gérant suite à l'utilisation de 3 de ses photographies argentiques, sans son autorisation. Il établissait un décompte très précis, photo par photo, avant de préciser que « *conformément aux règles des barèmes UPP et ADAGP, il (convenait) d'ajouter à ce montant une pénalité de 100% du fait de l'absence*

Barème invoqué : UPP ET ADAGP	*d'accord préalable à la reproduction* » des photographies. Il chiffrait aussi ses préjudices moraux par référence aux calculs établis pour les atteintes aux droits patrimoniaux. Il arrivait donc, pour chaque photo à : . Un calcul de base en fonction de l'utilisation . Une première majoration de 100% du fait du défaut d'accord . Une seconde majoration de 100% du fait du défaut de mention de son nom . Une troisième majoration de 100% du fait de la mention du nom d'un tiers . Une quatrième majoration de 100% du fait de l'atteinte à l'intégrité de l'oeuvre. Ce calcul concernant l'une des photographies, pour laquelle les atteintes étaient les plus importantes. Le même principe était appliqué pour les deux autres, mais avec moins de majorations. La société poursuivie répliquait, se fondant sur des tarifs de la société Getty Images, que les montants sollicités étaient exorbitants. Le tribunal estima, concernant la photo n°1 et après avoir rappelé les principes prévus par le Code de la propriété intellectuelle, « *qu'au regard des tarifs moyens applicables issus tant du barème indicatif de l'UPC que du barème de l'ADAGP calculés sur la base d'une reproduction d'une durée de 3 mois pour celles ayant été perpétrées sur Internet, (le photographe) aurait dû percevoir une somme qui peut être évaluée à 5.000 €, à laquelle il convient d'appliquer un coefficient multiplicateur de 50% du fait de l'absence de recueil de son consentement, de telle sorte que le montant total dû (au photographe) au titre de son préjudice patrimonial peut être évalué à 7.500 €.* *Le préjudice moral sera évalué à une somme globale de 1.000 €.* ». Les juges se livrent ensuite à un raisonnement comparable pour la photo n°2, plus largement diffusée par la société poursuivie et aboutit à : . droits de base : 650 € . majoration : 50 % Total du préjudice patrimonial : 975 € Préjudice moral en sus : 1.000 € Pour la photo n°3, même calcul avec des montants légèrement plus élevés pour l'aspect patrimonial, et une indemnisation identique pour l'atteinte au droit moral. **Observation** : Lorsque le photographe, dans cette affaire, se réfère à une pénalité à hauteur de 100% des droits en cas de

	reproduction sans son accord, il se réfère visiblement au barème de l'ADAGP, dans son édition de 2016 en vigueur au moment où l'affaire fut plaidée. Cette version prévoyait en effet, après avoir rappelé l'obligation d'obtenir le consentement de l'auteur avant toute reproduction d'une oeuvre, que « tout manquement aux dispositions précitées donnera lieu à une indemnité minimale de 100% du barème applicable, sans préjudice de tout autre recours » (Barème ADAGP éd. 2016, p.4). Le décompte, quant à lui, semble avoir été établi en fonction des barèmes UPP. Le photographe a dès lors mixé les deux barèmes. Sous cette réserve près (le mélange des deux barèmes), son mode de calcul était assez proche de ce que je pratique dans mes dossiers (voir les explications plus haut dans l'ouvrage, « Cas concrets »), mais il poussait le curseur beaucoup plus (trop) loin sur les montants, puisque le détail donné pour la photographie la plus contrefaite aboutissait, au final, à 5 fois le tarif de base (premier calcul + 4 majorations de 100%). Dans mes propres dossiers, je ne dépasse généralement pas un coefficient multiplicateur de 3. Pour reprendre le même exemple, il me semble que l'absence de mention du nom réel ET son remplacement par le nom d'un autre auteur peuvent faire l'objet d'une seule et même majoration. Ici, cet excès de confiance n'a pas plu au Tribunal qui a ramené les demandes à une majoration unique de 50% (et non les 100% prévus dans les barèmes de l'ADAGP) du fait du défaut d'accord pour la publication, et qui a limité à 1.000 €/photo l'indemnisation des atteintes aux droits moraux.
8/2/2018 (CA Aix-en-Provence, RG 15/00312) **Barème invoqué** : UPP	Un photographe reprochait à une importante agence immobilière d'avoir excédé les limites d'une cession de droits consentie à l'origine pour une plaquette. Au-delà de cette cession, la photo avait été utilisée pour une publicité dans le magazine Paris Match. Au titre de ses droits d'auteur, et sur base du barème de l'UPP, le photographe réclamait dans le cadre de la procédure une somme de 8.123 €. La Cour d'appel écarta le décompte du photographe quant à son montant tout en se basant indirectement sur le barème : *« En regard du barème indicatif des photographes, des revendications premières de (Monsieur X) portant sur la somme de 2.200 € HT pour quatre publications, et des honoraires initiaux, il convient de fixer ses droits patrimoniaux d'auteur à la somme de 2.000 € ».*

	Observation : Le jugement de première instance est donc réformé, mais l'arrêt ne précise pas quelle condamnation (inférieure ou supérieure) avait été prononcée au profit du Photographe. Ce dernier était à l'origine de l'appel, donc il faut en déduire qu'il n'avait déjà pas obtenu devant les premiers juges les montants qu'il réclamait. Il est entendu que les juges peuvent tenir compte de différents éléments, ce qui n'est pas anormal. Par contre, il aurait été très utile qu'ils argumentent plus précisément leur propres calculs.
12/2/2019 (CA Paris, RG 16/13004) **Barème invoqué par la partie poursuivie :** UPP	Dans un arrêt un peu obscur quant aux décomptes, la Cour d'appel de Paris écarte l'argumentation d'un éditeur, qui prétendait appliquer les barèmes de l'UPP à l'utilisation contrefaisante de deux photographies de plateau dans un ouvrage qu'il avait publié. Les juges ont en effet estimé : *« /…/ la contrefaçon étant de nature délictuelle et non contractuelle, (l'éditeur) oppose vainement les barèmes de l'UPP pour voir limiter le montant des sommes allouées ».* **Observation :** Cette argumentation est intéressante, et peut être utile dans certaines circonstances, mais doit être également maniée avec précaution. Les juges tiennent donc le raisonnement suivant : . La contrefaçon est un délit (même si la procédure est introduite devant une juridiction civile). . Le choix de se référer à des barèmes est un choix par nature contractuel entre des parties qui négocient un tarif. . Or, face à une utilisation par définition faite sans le consentement de l'auteur, il ne peut pas être question d'appliquer un barème contractuel. . Dès lors, la partie poursuivie ne peut pas invoquer un tel barème pour réduire les montants demandés par le photographe. Ceci renforce encore l'utilité de se référer aux barèmes (de votre choix) dans chacun de vos contrats. Mais l'arrêt peut aussi être défavorable aux photographes lorsqu'ils invoquent eux-mêmes l'application des barèmes contre un adversaire avec lequel ils n'ont jamais eu de lien contractuel.
31/5/2019 (CA Paris, RG 18/20358)	*« Le tribunal (en première instance) se fondant, à titre indicatif seulement, sur le barème 2010 de l'UPP et ayant constaté que la société /…/ avait dans un courrier du 30 novembre 2015 fait état de 100 reproductions de la photographie litigieuse puis indiqué dans ses conclusions qu'il n'y en aurait eu que 20 sans apporter aucun document attestant de l'ampleur de cette campagne*

Barème invoqué : UPP	*publicitaire ou permettant de vérifier le nombre et la localisation des points de vente constituant son réseau de distribution et tenant compte de la notoriété du photographe et de cette photographie, avait fixé à 20.000 € la réparation du préjudice patrimonial subi par (le photographe).* *(Le photographe) demande (en appel) la somme de 125.000 € 'à parfaire', (alors que) la société (poursuivie) demande la fixation du préjudice à un montant symbolique, contestant cette évaluation.* *Pour autant, la Cour constate au vu des éléments produits par les parties que le jugement mérite confirmation dans son évaluation du préjudice patrimonial subi par (le photographe). »* Observation : La Cour d'appel reprend donc, en la confirmant, l'évaluation effectuée par le premier juge qui s'était lui-même "fondé à titre indicatif seulement" sur le barème UPC avant de réduire le montant de façon assez substantielle.
19/6/2020 (CA Paris, RG 19/02523) **Barème invoqué** : UPP	Dans ce dossier, une photographe spécialisée dans l'architecture reprochait à un éditeur d'avoir réédité un ouvrage contenant plusieurs dizaines de ses photographies, sans son autorisation. Pour les préjudices patrimoniaux, elle réclamait une somme de 38 228,64 € mais ne se basait PAS sur les barèmes pour ce faire. S'y ajoutaient d'autres montants pour les atteintes aux droits moraux. C'est ici l'éditeur qui, relevant que la photographe avait considérablement augmenté ses demandes, se référait lui-même au barème de l'UPP en estimant que la diffusion du livre entre 25.000 et 100.000 exemplaires aboutissait à une somme de 7.113 € pour les atteintes aux droits patrimoniaux. La Cour d'appel de Paris alloua une somme de 18.000 € tous préjudices confondus. **Observation** : Les barèmes UPP, invoqués par la partie poursuivie, n'ont pas été retenus mais la Cour d'appel n'a malheureusement pas justifié sa décision sur ce point, se contentant de l'écarter sans plus de précision, pour fixer un montant forfaitaire global.
18/1/2022 (CA Rennes, RG 19/06526)	Dans cette affaire, un journaliste réclamait à un éditeur de la presse quotidienne régionale la réparation des atteintes à ses droits moraux, à savoir : . 10.000 €/photo pour l'atteinte au droit de paternité . 6.000 €/photo pour l'atteinte à l'intégrité de l'œuvre . 4.000 € (sans doute par photo aussi, ce qui n'est pas clair dans l'arrêt) « au titre du préjudice moral », sans plus de

Barème invoqué : UPP	détail qui permettrait de différencier ce poste des deux précédents. En première instance, l'éditeur de presse avait proposé, sur base du barème UPP, une somme de 1.600 € pour les deux photos réunies, et avait été suivi par le tribunal. Le photographe avait donc interjeté appel, ce qui aboutit à un arrêt fort peu motivé : *« Par des motifs que la Cour adopte, le tribunal a fixé l'indemnisation allouée en réparation du préjudice économique subi par (le photographe) en considération des usages en vigueur dans la profession des photographes professionnels tels que reconnus par la propre offre d'indemnisation amiable de (l'éditeur de presse), laquelle répare justement et intégralement le préjudice dont il est justifié. Le jugement sera en conséquence confirmé de ce chef. »* **Observation** : Il est regrettable que cette décision ne soit pas mieux motivée. En effet, l'éditeur de presse invoque dans sa proposition d'indemnisation le barème de l'UPP, lequel n'est en principe applicable que si des droits patrimoniaux sont en litige. Or, dans ce cas précis les débats semblaient ne concerner que des atteintes diverses aux droits moraux. Et malgré cela, l'offre d'indemnisation de l'éditeur est considérée comme suffisante, tant en première instance qu'en appel.

QUE RETENIR DE CETTE REVUE DE JURISPRUDENCE ?

Voici les grandes réflexions qui ressortent, à mon sens, de cette revue de jurisprudence :

- Lorsque les magistrats acceptent de se fonder sur les barèmes, c'est le plus souvent en confirmant au préalable qu'ils ont, seuls, le pouvoir d'apprécier, et en relevant, dès lors, que les barèmes ne sont qu'un élément d'appréciation parmi d'autres. Ils n'aiment donc pas qu'on les prive du pouvoir d'évaluation !!! Ceci reste logique dans la mesure où ces barèmes n'ont rien « d'officiel » et où le magistrat est en effet seul à devoir apprécier, en fait, tous les éléments d'un litige. Il est par contre regrettable que dans cette appréciation, ces mêmes magistrats n'aient bien souvent pas en tête le prescrit du Code de la Propriété intellectuelle qui devrait les amener à des calculs bien plus précis, en lieu et place des évaluations « *à la louche* » qui sont souvent prononcées.

- Le bon côté de cette tendance est qu'au moins, lorsque le photographe peut justifier d'une notoriété certaine, les juridictions peuvent aussi s'écarter du barème à la hausse, comme ce fut le cas dans l'affaire mettant en cause Lucien CLERGUE (voir tableau des barèmes écartés, à la date du 23/11/2011). Mais pour une affaire de ce genre, combien de procédures dans lesquelles les demandes des photographes sont substantiellement ou drastiquement réduites ?

- Il semble aussi que lorsque des barèmes sont invoqués par la partie poursuivie, et non par l'auteur qui s'estime préjudicié, les juges ont tendance à les écarter, mais souvent sans motiver leur décision ce qui peut être regretté. Lorsqu'une motivation existe, elle consiste en général à opposer à la partie poursuivie qu'elle aurait dû solliciter l'autorisation du titulaire des droits en amont, et que, ne l'ayant pas fait par hypothèse, elle n'est pas en mesure d'imposer l'application d'un barème (voir notamment la décision commentée à la date du 3/10/2013).

- Par ailleurs, il apparaît aussi que le fait pour un photographe d'établir un décompte **précis** et de justifier, mathématiquement, comment il a calculé ses droits sur base de ces barèmes peut être salutaire. **Le photographe veillera donc à bien soigner son décompte et l'explication de celui-ci**. Nous avons vu dans cette présentation de la jurisprudence qu'il reste des tribunaux qui appliquent les barèmes de façon mathématique, et j'ose croire que c'est – en partie du moins – dû également à la façon dont le dossier est présenté.

- Lorsque les magistrats les écartent, par contre, on peut s'étonner de certaines motivations qui sont pour le moins critiquables. Il est par exemple évident qu'un contrefacteur – rarement photographe lui-même – ne sera pas adhérent de l'UPP ou d'une autre structure ayant établi le barème. Un début de solution à cette difficulté pourrait être d'insérer – comme le font certains photographes – une référence précise et expresse à tel ou tel barème dans vos contrats (voir à ce sujet le Chapitre 1). Mais ceci ne réglera de toute façon la difficulté – en admettant que cela soit efficace – que pour vos cocontractants, à qui vous pourrez démontrer avoir fait signer un contrat ou à tout le moins un devis contenant la référence précise. Et même comme cela, il y a des chances que le magistrat réévalue encore… Pour tous les contrefacteurs avec qui vous n'avez jamais été en lien contractuel, la mention dans vos documents ne sera donc d'aucune utilité. Et par définition, un utilisateur illégal de vos photographies ne sera pas adhérent à l'UPP (sauf hypothèses fort improbables).

- Enfin, le photographe qui invoque l'application des barèmes pour le calcul de ses dommages et intérêts compensant l'atteinte aux droits patrimoniaux devra, et cela reste logique en droit, démontrer qu'il n'a pas fait une cession intégrale de ces droits à un tiers. Pour cette raison, il est toujours prudent de veiller dans un contrat de cession de droits à se réserver la possibilité d'agir en justice en cas d'atteinte aux droits (je renvoie à cet égard aux longues explications et précautions que j'avais proposées dans mon ouvrage « Checklist Photos et films d'entreprise » (ou au futur ouvrage qui le remplacera lorsque le premier sera épuisé, puis mis à jour).

CONCLUSION GÉNÉRALE

La protection des auteurs passe par la reconnaissance de leurs droits en cas de contrefaçon. Comme l'a rappelé la décision que je citais en page 17 de cet ouvrage, les condamnations prononcées doivent être suffisamment dissuasives pour décourager les candidats contrefacteurs.

Par ailleurs, et comme nous l'avons vu, SEUL l'auteur peut demander qu'une somme forfaitaire lui soit allouée, et celle-ci ne peut pas être inférieure à ce qu'il aurait obtenu en négociant préalablement à l'utilisation de son œuvre, et non postérieurement après la contrefaçon. Ce n'est pas une prérogative des juges, mais bien une demande de l'auteur lui-même, ce que perdent également de vue bon nombre de magistrats comme je l'ai démontré dans mes explications et dans l'un des cas concrets examinés.

Et pourtant…
Force est de constater que le combat, à ce sujet, est constant.
Les barèmes professionnels, quels qu'ils soient, sont des outils formidables qui devraient servir de base aux calculs effectués par des magistrats de façon quasi systématique, mais nous en sommes encore loin.

Fort heureusement certaines juridictions admettent les calculs effectués par les photographes, le plus souvent lorsque ces calculs sont très précis. D'autres les modifient, souvent à la baisse, mais restent sur le principe d'une évaluation mathématique pour compenser le manque à gagner, comme l'exige d'ailleurs le Code de la propriété intellectuelle.

J'espère de tout cœur que cet ouvrage aidera les photographes et leurs avocats à se munir des décisions qui leur seront utiles afin que, peu à peu, la vapeur se renverse pour aboutir à une indemnisation digne de ce nom, tenant compte également de la longueur et du coût des procédures.

Que vous soyez photographe ou avocat, n'hésitez surtout pas à me transmettre, après lecture de cet ouvrage, les décisions que vous auriez obtenues et dans lesquelles des barèmes auraient été invoqués, quel que soit le résultat final. Je souhaite pouvoir faire évoluer ce dossier et, je l'espère, constater au fil des années que les juges accueillent de mieux en mieux ces outils de calcul.
Toute jurisprudence utile peut être envoyée à mon adresse mail (joelle.verbrugge.avocate@orange.fr), qu'elle soit ancienne (si elle ne figure pas encore dans mon chapitre 2) ou récente.

Imprimé et diffusé sur la plateforme www.bookelis.com
Merci à la sympathique et dynamique équipe qui met à notre disposition cet outil très bien conçu.

Dépôt légal : Juillet 2023
Achevé d'imprimer en France